Marco von Münchhausen, Hermann Scherer
Die kleinen Saboteure

SERIE PIPER

Zu diesem Buch

Ein allseits gefürchteter und hinterlistiger Saboteur treibt im Unternehmensalltag sein Unwesen: Der innere Schweinehund macht auch im Job nicht Halt. Alle Kollegen, Mitarbeiter, Vorgesetzten und Kunden kennen den kleinen Saboteur, der verhindert, Neues zu beginnen, Entscheidungen zu treffen oder ein Vorhaben in die Tat umzusetzen. Dabei tarnt er sich geschickt mit Sätzen wie »nicht so wichtig«, »das hat noch Zeit« oder »dafür bin ich nicht zuständig«. Marco von Münchhausen verrät in seinem neuen Buch, welche Tricks und Taktiken die inneren Schweinehunde im Unternehmen einsetzen, um zu verhindern, dass aus guten Ideen Wirklichkeit wird. Er zeigt, welche Motive hinter solchen Blockaden stecken und wie man die kleinen Saboteure zähmen kann. Denn mit gezähmten Schweinehunden ist der Weg frei für eine produktive Unternehmenskultur, funktionierende Teams, hochmotivierte Kollegen und Mitarbeiter und wirtschaftlichen Erfolg.

Marco von Münchhausen, 1956 geboren, ist promovierter Jurist und Rechtsanwalt sowie Verleger innovativer Lernmaterialien. Er gilt über als einer der renommiertesten Referenten und Trainer zu den Themen Work-Life-Balance, Selbstmotivation und Stressmanagement. Seinem Bestseller »So zähmen Sie Ihren inneren Schweinehund« folgte »Die kleinen Saboteure«. Weiteres zum Autor: www.vonmuenchhausen.de
Hermann Scherer ist Management-Trainer und Gründer der Unternehmensberatung »Unternehmen Erfolg ®«. Er hält Vorträge zu den Themen Unternehmenserfolg und Marketing und hat bereits mehrere erfolgreiche Bücher veröffentlicht.

Marco von Münchhausen
Hermann Scherer

Die kleinen Saboteure

So zähmen Sie die inneren Schweinehunde im Job

Mit Illustrationen von
Gisela Aulfes

Piper München Zürich

Der Lesefreundlichkeit halber haben wir darauf verzichtet, jeweils männliche und weibliche Formen zu verwenden. Seien Sie versichert, dass wir Leserinnen genauso ansprechen möchten wie Leser und in unseren Tipps und Beispielen Mitarbeiterinnen genauso meinen wie Mitarbeiter, Schweinehund-Frauchen genauso wie -Herrchen.

Von Marco von Münchhausen liegen in der Serie Piper vor:
So zähmen Sie Ihren inneren Schweinehund! (3961)
Die kleinen Saboteure (mit Hermann Scherer; 4339)

Ungekürzte Taschenbuchausgabe
Piper Verlag GmbH, München
Januar 2005

Umschlag/Bildredaktion: Büro Hamburg
Isabel Bünermann, Heike Dehning,
Charlotte Wippermann, Katharina Oesten
Umschlagabbildung: Gisela Aulfes
Satz: Fotosatz L. Huhn, Maintal-Bischofsheim
Druck und Bindung: Clausen & Bosse, Leck
Printed in Germany ISBN 3-492-24339-8

www.piper.de

Inhalt

Teil III

So managen Sie die kleinen Saboteure im Unternehmen

Einführung

Haben Sie sich auch schon gefragt, woran es liegt, wenn etwas in Ihrem Unternehmen nicht so läuft wie gewünscht? Warum neue, in Arbeitsgruppen oder von Beratern mit viel Engagement entwickelte Vorschläge nicht umgesetzt werden? Warum es Machtgerangel innerhalb von Teams gibt? Warum Ihre Kunden mit dem Service unzufrieden sind oder warum ganze Projekte durch interne Schwierigkeiten blockiert werden?

Jeder, der im Unternehmen Führungs- oder Projektverantwortung trägt, kennt diese oder ähnliche Situationen. Doch seien Sie beruhigt: Es gibt eine Erklärung (und damit auch eine Lösung). Wahrscheinlich treiben auch in Ihrer Firma ganz besondere kleine Saboteure ihr Unwesen: die inneren Schweinehunde. Lassen Sie uns einen kurzen Blick in ihre Welt werfen:

Vor kurzem fand sie wieder statt, die jährliche Konferenz der Schweinehunde. War es dort früher immer gemütlich und fröhlich zugegangen, so hatte es doch bei Erscheinen des ersten Buches, das sich mit ihren Tricks und Taktiken befasst – »So zähmen Sie Ihren inneren Schweinehund« – allerlei Aufregung gegeben. Konnten die Schweinehunde früher unangefochten ihren Herrchen und Frauchen ins Handwerk pfuschen, ihre Vorhaben und Entschlüsse in aller Ruhe torpedieren und sie von ihren wichtigen Zielen abbringen, so war dies seit diesem Buch schon bedeutend schwieriger geworden: Die Menschen waren sich ihres ständigen Begleiters, des inneren Schweinehundes, bewusst geworden und schafften es besser, im Alltag mit den kleinen Saboteuren fertig zu werden und ihre Vorhaben auch zu realisieren.

Und während die Schweinehunde auf der Konferenz emsig darüber diskutierten, wie sie ihre frühere Position gegenüber ihren Besitzern wiedererlangen konnten, platzte der Sonderkundschafter zur Tür herein und verkündete aufgeregt neue Unbill: Ein weiteres Buch sei bereits im Druck, sein Erscheinen nicht mehr zu verhindern. In dem Werk »Die kleinen Saboteure« solle es nun um die Aktionsfelder des Schweinehundes in den Firmenfluren gehen – der Untertitel »So managen Sie die inneren Schweinehunde im Unternehmen« ließ keinen Zweifel.

Empört sprangen einige Teilnehmer der Konferenz von ihren Stühlen auf, weil sie es gar nicht fassen konnten: Bisher hatten die Schweinehunde wenigstens noch in den Unternehmen unangefochten herrschen können, doch nun sollte ihnen auch das streitig gemacht werden! Sollten sie etwa in Zukunft nicht mehr die üblichen Tricks anwenden können, um den Erfolg in den Unternehmen zu vereiteln? Sollten sie nicht mehr dafür sorgen können, dass ihre Herrchen und Frauchen in den Chefetagen planten, planten, planten, ohne ihre Ziele jemals in die Tat umzusetzen? Würden die Mitarbeiter etwa in Zukunft nicht mehr in Dutzenden von überflüssigen Meetings und langweiligen Präsentationen ihre Zeit vertrödeln, sondern stattdessen zügig ihr Arbeitspensum erledigen können? Würden Entscheidungen womöglich nicht mehr hinausgezögert, sondern prompt getroffen? Sollte Teamarbeit etwa reibungslos und effizient funktionieren? Gäbe es am Ende gar keine Kommunikationsprobleme mehr zwischen Führungskräften und Mitarbeitern, weil alle gut miteinander klarkämen?

Und während die Schweinehunde noch über mögliche Gegenmaßnahmen diskutieren, haben Sie bereits Gelegenheit, ihre Tricks im Unternehmen aus erster Hand kennen zu lernen. Unter uns: Ein Geheimagent unter den Schweinehunden hat sie uns, den Autoren, heimlich verraten.

Wir kennen ihn alle, den kleinen Saboteur, der wie eine starke Kraft in uns wirkt, wenn wir etwas Neues beginnen wollen, einen Entschluss fassen müssen oder ein Vorhaben in die Tat umsetzen sollten. Er legt uns immer neue Steine in den Weg, und häufig wird uns erst hinterher bewusst, dass wir von ihm daran gehindert wurden, etwas Geplantes zu verwirklichen oder uns zu überwinden, etwas Schwieriges anzugehen. Den inneren Schweinehund bemerken wir oft erst, wenn er schon zugeschlagen hat, denn er schafft es immer wieder, sich mit harmlos klingenden Sätzen geschickt zu tarnen. »So wichtig ist das ja gar nicht«, »andere tun das auch nicht« oder »dafür bin ich nicht verantwortlich, das ist nicht meine Aufgabe« hören wir uns dann sagen, wenn es schon zu spät ist und er unser Vorhaben wieder einmal erfolgreich hintertrieben hat.

Und dieser kleine Saboteur treibt auch im Unternehmen sein Unwesen! Nicht nur Sie selbst haben einen Schweinehund, der ein geschicktes Tarnkappenspiel treibt, – nein, auch Ihre Kollegen, Ihre Mitarbeiter, ja, sogar Ihre Vorgesetzten. Jedes dieser Exemplare ist ein bisschen anders »gestrickt«, hat andere Eigenarten und setzt spezielle Tricks und Taktiken ein. Dies war die schlechte Nachricht. Die gute ist: In den Grundzügen ihres Charakters sind sich alle Schweinehunde sehr ähnlich. Und das macht es Ihnen möglich, all die kleinen Saboteure in Ihrem Unternehmen kennen zu lernen, verständnisvoll mit ihnen umzugehen, sie zu überzeugen, zu motivieren und zu führen und so Ihre Mitarbeiter und Kollegen beim Zähmungsprozess zu unterstützen.

Es ist unserer Erfahrung nach oft gar nichts Weltbewegendes, das geändert werden müsste – wie die Neustrukturierung einer ganzen Abteilung, die Entlassung oder Einstellung von Mitarbeitern, massive Kosteneinsparungen oder dergleichen –, häufig sind es die kleinen Dinge im Alltag, die sich erfolgsverhindernd auswirken. Gelingt es, in solch kleinen Hindernissen, (die sich natürlich über Jahre auch zu großen aufschaukeln können!) den inneren Schweinehund zu durchschauen und

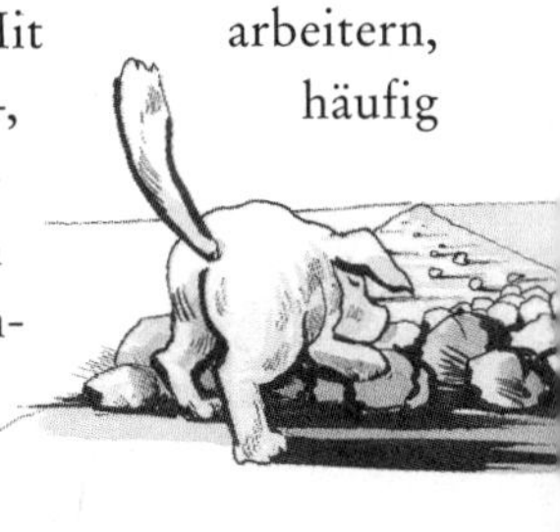

»Hand in Hand« mit ihm – anstatt gegen oder ohne ihn – das Notwendige zu tun, so klappt es in vielen Bereichen besser. Die Produktivität steigt, die interne Kommunikation verbessert sich, die Mitarbeiter werden zufriedener und arbeiten engagierter: Faktoren, die sich in harten Zahlen niederschlagen.

Wir möchten Ihnen mit diesem Buch ermöglichen, die kleinen Saboteure in Ihrem Unternehmen besser kennen zu lernen, um sie managen zu können:

In Teil 1 geht es zunächst darum, *wie die Schweinehunde im Unternehmensalltag ihr Unwesen treiben* und welchen Schaden sie dabei anrichten.

In Teil 2 schauen wir den Schweinehunden tief in ihre Trickkisten und zeigen Ihnen *die kritischen Momente und beliebtesten Spielwiesen* im Arbeitsalltag, bei denen sie mit Vorliebe zuschlagen. Wir verraten Ihnen *die beliebtesten Tricks und Taktiken* der kleinen Unholde, von der Unmöglichkeitstaktik über die Opferlammtaktik und den Nicht-Zuständigkeitstrick bis hin zur finalen Abbruchstaktik, die Ihr Vorhaben restlos zu Fall bringt. Wir nähern uns außerdem den Tummelplätzen der inneren Schweinehunde im Unternehmen: von der Sabotage des gesamten Unternehmenswandels über die Verhinderung von Einzelprojekten bis zur kompletten Selbstblockade einzelner Mitarbeiter. Und zum Schluss hören wir uns die Opferlieder und Versagerhymnen an, die die Schweinehunde nach ihrem erfolgreichen Feldzug gerne anstimmen.

In Teil 3 nehmen wir die *Schweinehund-Dynamik* noch genauer unter die Lupe. Wir zeigen Ihnen, in welche Rollen die kleinen Saboteure schlüpfen und woran Sie es erkennen können, wenn sie in Ihrem Team ihr Unwesen treiben. Außerdem nehmen wir uns die Strukturen der Unternehmen vor und zeigen, in welchen Verästelungen der Organigramme sich die Schweinehunde am liebsten einnisten. Vor allem aber beginnen wir mit der *Zähmung der widerborstigen Begleitung:* Mit den Schlüsseln der »Emotionalen Intelligenz« und der »Offenen Kommunikation«, vor allem aber mit dem »Führen mit Zielen«.

Wir haben *strategisches Rüstzeug* für Sie vorbereitet, das Ihnen auf überraschend einfache Weise helfen wird, das Treiben der inneren Schweinehunde in vernünftige Bahnen zu lenken. Damit Sie auch wirklich alles haben, was Sie als guter Dompteur brauchen, geben wir Ihnen zum Schluss noch ein paar Tricks für Ihren Unternehmensalltag an die Hand, vor allem zu den Sabotagedauerbrennern der »Meetings« und »Feedback-Gespräche.«

Nach dieser abenteuerlichen Reise zu den Blockierern und Verhinderern in Ihrem Unternehmens wird es Ihnen gelingen, die kleinen Saboteure zu Ihren besten Freunden und Ihren (kostenlosen!) Unternehmensberatern zu machen.

Teil I
Die ganz normale Sabotage im Unternehmensalltag

Das Umsetzungsproblem in den Unternehmen

Sie kennen die Situation: Ihr Team soll die Umsätze im kommenden Jahr um 20 Prozent in die Höhe schrauben, den Kundenservice verbessern oder die alte Marketingstrategie verwerfen und eine neue entwickeln. Sie haben ein Meeting einberufen, 15 Augenpaare sind auf Sie gerichtet – jetzt müssen Sie es Ihren Mitarbeitern sagen. Sie fühlen ein gewisses Unbehagen. Zu Recht! Denn was Sie da vor sich sehen, ist ein großer, dicker Schweinehund. Es ist der kollektive Schweinehund Ihrer Mitarbeiter, der sie da anstarrt. Er formiert sich aus den individuellen, kleinen Widerständen jedes einzelnen Teammitgliedes und nimmt ausgerechnet immer dann die Form eines riesigen sabotierenden Wesens an, wenn Sie wollen, dass Ihr Team ein bestimmtes Ziel erreicht.

Der Schweinehund von Herrn M. wird sein Herrchen dazu bringen, Ihnen etwas über die »Sachzwänge« vorzujammern und das Ziel für unmöglich erklären. Frau K. wird aus Protest Dienst nach Vorschrift schieben, weil sich ihr Schweinehund übergangen fühlt. Herr S. wird krank, denn sein Schweinehund befürchtet, sein Herrchen werde überfordert. Frau D. wird die Hälfte ihrer Arbeitszeit damit verbringen, im Nachbarbüro lautstark Ihre Kompetenz anzuzweifeln, weil ihr Schweinehund viel lieber mit ihr zusammen auf dem Sofa sitzt als Überstunden zu schieben. Und Herr L. zerstört – aus Versehen – erst mal die Festplatte seines Computers, weil sein Schweinehund befürchtet, die Umsetzung des Zieles könnte durch eine technische Panne misslingen.

Seien Sie getröstet: Das ist nicht nur in Ihrem Unternehmen so. Jahr für Jahr verschlingt der Schweinehund Unsummen von Zeit, Nerven und Geld. Warum? Viele Mitarbeiter reagieren auf Veränderungen mit Angst und halten dann umso fester am Altbekannten fest, sie wehren Herausforderungen ab, weil sie sich überfordert fühlen, sie blockieren neue Methoden, weil sie sich überrumpelt fühlen, sie mobben ihre Kollegen, weil sie sich von ihnen bedroht fühlen – in der Tat: Es geht um das *Fühlen*, es geht um Emotionen, um die Beziehungsebene in Unternehmen. Um diesen Bereich machen die meisten Führungskräfte am liebsten einen großen Bogen, indem sie sich auf die vermeintlich sicherere »Sachebene« retten. »Bleiben Sie doch sachlich«, hört man in Konfliktfällen durch halb geöffnete Bürotüren.

Der innere Schweine-

hund ist aber herrlich unsachlich – und dennoch ein Mechanismus, der Ihre Kollegen oder Mitarbeiter davor bewahrt, sich zu überfordern oder Dinge zu tun, die sie nicht interessieren, für die sie keinerlei Begabung haben oder mit denen sie nicht einverstanden sind. Eine rationale Komponente hat das tückische Tier also durchaus. Aber es ist auch ein Symptom von Angst, Unsicherheit und Komplexen sowie von damit einhergehenden Untugenden wie Eitelkeit und Borniertheit.

Das wusste schon der römische Philosoph Seneca, einer der frühesten Schweinehundexperten: »Zeige mir einen, der es nicht ist: der eine ist Sklave der Wollust, ein anderer Sklave der Habsucht, ein Dritter Sklave des Ehrgeizes, alle sind Sklaven der Furcht«, schrieb er in seinen *Briefen an Lucilius*.[1] Statt vom inneren Schweinehund spricht er allerdings vom Laster – so nannte man das früher. Doch schon im alten Rom hatten die Berater und Coaches (früher waren es »Philosophen«) Hochkonjunktur, die ihren Zuhörern bei der Zähmung des inneren Schweinehundes zu helfen versprachen, und schon damals haperte es an der Umsetzung. »Sie kommen um zu hören, nicht um zu lernen«, schimpfte Seneca über sein Publikum. Selbst bei denen, die das Gehörte schnell umsetzen wollten, zeigte der Appell wenig Wirkung: »Wenn nur diese Gemütsverfassung Dauer hätte«, klagte der Philosoph. Aber ach! Nur »wenige können den Vorsatz, den sie gefasst haben, mit bis nach Hause bringen.«[2] Und so ist es bis heute, auch und besonders im Unternehmensalltag.

Daten und Fakten zum Umsetzungsproblem

Im Jahr 2001 haben die Unternehmen in Deutschland 12,9 Milliarden Euro für Unternehmensberater ausgegeben (Gesamtumsatz). Hierzulande haben sich 14 500 Unternehmen auf die Beratung anderer Unternehmen spezialisiert, 70 000 Consultants stehen auf den Gehaltslisten.

Während die Wirtschaft insgesamt lahmt, wächst die Beraterbranche munter weiter: 2001 verzeichneten die Berater ein Umsatzwachstum von 5,5 Prozent, für 2002 gehen sie wieder von einem stabilen Branchenumsatz aus. »Strategie- und Reengineering-Projekte sowie die Nachfrage nach konkreter Umsetzung der empfohlenen Maßnahmen haben deutlich zugenommen«, konstatiert der Bundesverband Deutscher Unternehmensberater (BDU) zufrieden in seinem Jahresrückblick 2002 (www.bdu.de). Allein in Deutschland haben die Unternehmensberater 28,6 Prozent des europäischen Beratungsumsatzes erwirtschaftet, an zweiter Stelle folgte Großbritannien mit 25,8 Prozent, dann Frankreich mit 17,1 Prozent. Das Umsetzungsproblem der Unternehmen ist für die Beraterbranche ein lukratives Geschäft.

Eine zentrale Ursache dafür sind, Sie ahnen es schon, die inneren Schweinehunde in den Unternehmen – und zwar nicht nur die der Umsetzer, sondern auch diejenigen der Führungskräfte und Entscheider. Welcher Manager möchte sich schon sagen lassen, dass er mit seiner Einschätzung der Lage vollkommen falsch gelegen und mit seiner Strategie das Unternehmen in größte Schwierigkeiten gebracht hat? Wer möchte dafür die Verantwortung – und als Konsequenz seinen Hut! – nehmen? Da scheint es einfacher, bei externen Beratungsinstituten Studien in Auftrag zu geben. Sollte das Vorhaben dann scheitern, waren – wieder einmal – die Berater schuld.

In die Hände dieser vielen Schweinehunde spielt aber nicht nur die Angst, Verantwortung zu übernehmen, sondern eine weitere menschliche Schwäche: Sozialpsychologen bezeichnen sie als »Aversion gegenüber Zweideutigkeit«. Wir können es schlecht ertragen, wenn uns Fakten oder Situationen widersprüchlich erscheinen. Am liebsten haben wir es, wenn wir A und B, gut und schlecht, Freund und Feind ganz klar unterscheiden können und unsere Überzeugungen nicht zur Disposition stellen müssen. Besonders gravierend tritt dieser Mechanismus auf, wenn wir unter Termindruck stehen, erschöpft sind oder Angst haben. Denn in diesem Zustand können wir Informationen nur noch schwer verarbeiten.[3] Dies ist auch ein Grund für die hohen Umsätze der Beraterbranche: Viele Unternehmen geben eine Studie nach der andern in Auftrag, weil sie die Hoffnung haben, dadurch ergebe sich endlich »Klarheit« und die richtige Entscheidung liege auf der Hand. Tatsächlich aber müssen heute viele Entscheidungen liege auf unübersichtlichem Terrain getroffen werden, das auch durch weitere Expertisen nicht übersichtlicher wird.

Weil es in den Unternehmen immer mehr Entscheider gibt, wird dieses Problem immer größer: 1984 arbeiteten in Deutschland 2,2 Millionen Personen, die nach den Kriterien der International Labour Organisation (ILO) als Fach- und Führungskräfte galten. 1998 waren es bereits 4,2 Millionen.[4] Gleichzeitig ist natürlich die Zahl der Schweinehunde explodiert, die ihre Herrchen, diese 4,2 Millionen Fach- und Führungskräfte, nach Herzenslust blockieren und verhindern, dass sie erstens Entscheidungen treffen und diese zweitens auch umsetzen.

Was allerdings nicht heißt, dass die zahllosen Schweinehunde der Sekretärinnen und Sachbearbeiter harmlos wären. Im Gegenteil: Eine im September 2002 veröffentlichte Untersuchung des amerikanischen Forschungsinstitutes Gallup brachte Niederschmetterndes ans Licht: Nur 15 Prozent der deutschen Arbeitskräfte arbeiten engagiert, 69 Prozent sind nicht engagiert und 16 Prozent sogar aktiv unengagiert, was bedeutet, dass sie ihre negative Einstellung zur Arbeit und zum Unternehmen auf aggressive Weise nach außen tragen.[5] Fazit: »Die deutsche Wirtschaft agiert nur mit circa einem Sechstel ihrer wahren Kapazität.« Den amerikanischen Gallup-Forschern zufolge kostet uns die mangelnde Produktivität Jahr für Jahr satte 226 Milliarden Euro! Der Schweinehund bereitet den Deutschen also doppelten Schaden: lustlose Arbeit und leere Kassen.

Bestätigen sich hier nun die schönsten Klischees über das deutsche Wesen? Nein! Wir möchten nicht den Eindruck erwecken, wir hielten die Arbeitnehmerinnen und Arbeitnehmer in Deutschland allesamt für neurotische, schwermütige und »unengagierte« Menschen. Das Phänomen des inneren Schweinehundes, dem wir uns hier nähern wollen, ist keinesfalls Ausdruck einer pathologischen Störung. Er wohnt vielmehr in jedem gesunden Menschen, richtet aber heute einen viel größeren Schaden an als je zuvor, weil die moderne Arbeitswelt ihm ideale Bedingungen für seine Sabotageakte liefert.

Hintergrund: Je komplexer die Wirtschaft, desto wohler fühlen sich die Schweinehunde

Blicken wir kurz zurück: Im 19. Jahrhundert war das Leben in der westlichen Welt relativ übersichtlich: Man lebte von Landwirtschaft und Handel, Bauern und Hausbedienstete stellten die größten und stabilsten Gesellschaftsgruppen dar. Fast jeder konnte den Radius seines wirtschaftlichen Handelns überblicken, die Söhne erlernten den Beruf, den schon ihre Väter und Vorväter ausgeübt hatten. Die Menschen lebten in traditionellen Rollen, die wenig Spielraum ließen und mussten hart und diszipliniert arbeiten, wenn sie im Winter nicht hungern und frieren wollten. Der innere Schweinehund der Menschen rebellierte unter diesen Bedingungen vor allem gegen sozialen Schranken.

Um die Wende zum 20. Jahrhundert traten die Industriearbeiter ins Rampenlicht: Sie bedienten Maschinen in riesigen Fabriken, führten als Fließbandarbeiter Handgriffe aus, um arbeitsteilig und in großer Zahl gleichförmige Produkte herzustellen. Durch die systematische Erforschung und Zerlegung von Arbeitsabläufen wurde ein Produktivitätszuwachs von 3 bis 4 Prozent im Jahr erreicht, wodurch die Produktion pro Arbeiter innerhalb eines Jahrhunderts um das 50fache stieg. Dies war nur möglich, indem man die Menschen zu Teilen der Maschinen machte, sie *ent*-menschte. Den Sinn und Zusammenhang ihrer Tätigkeiten konnten diese Arbeiter allerdings nicht mehr überblicken. Für innere Schweinehunde ergab sich damit ein ganz neuer Schauplatz.

In den 50er Jahren des 20. Jahrhunderts stellten die Industriearbeiter in allen Industrieländern einschließlich der sozialistischen Staaten die größte Bevölkerungsgruppe dar. Doch Anfang der 90er Jahre war die

»Klasse der Proletarier«, die so viel Aufsehen erregt und so viele revolutionäre Hoffnungen geschürt hatte, fast komplett wieder von der Bühne verschwunden: Der Auftritt des Wissensarbeiters begann, der Werte nicht mehr mit mechanischen Maschinen schöpft, sondern mit Information und Internet. Auch mit dieser neuen Gruppe verbanden sich hochschwingende Erwartungen, doch die ersehnte, wiederum als »Revolution« erhoffte New Economy stellte sich nicht ein. Stattdessen platzten die an der Börse hochgeputschten Ideenblasen, viele Menschen verloren investiertes Kapital, etliche ihren Arbeitsplatz.

Was bleibt? Eine Wirtschaft, die Elemente der alten Industrieunternehmen mit den Errungenschaften der neuen Informationsunternehmen verbindet und weltumspannendes Wirtschaften in Höchstgeschwindigkeit möglich macht. Die Komplexität und Dynamik der Märkte sind in einem solchen Maße gewachsen, dass sie für den einzelnen Wissensarbeiter kaum mehr zu durchschauen sind. Die Innovationsgeschwindigkeit ist immens hoch und muss von jedem Unternehmen, das sich am Markt behaupten will, mitgehalten, wenn nicht übertroffen werden. Gleichzeitig verlangen die Kunden der Unternehmen immer mehr nach individuellen Lösungen für ihre spezifischen Probleme, die sich so schnell ändern wie die Märkte, in denen sie tätig sind.

Die Arbeiter des Ford-Zeitalters waren weitgehend Befehlsempfänger, die genau die Dinge, die ihnen aufgetragen wurden, *richtig* machen mussten. Weil eine Befehlshierarchie wie diese in der heutigen Wirtschaft viel zu langsam und unflexibel wäre, müssen die Wissensarbeiter jetzt selbst wissen, was sie und wie sie dies tun müssen: Es gilt nicht länger »doing things right«, sondern »doing the right things« – so bringt die internationale Managementliteratur diesen Wandel auf den Punkt.

Um den neuen Anforderungen gerecht zu werden, verlagern immer mehr Unternehmen Planungs- und Entscheidungsbefugnisse in die Verantwortung der einzelnen wertschöpfenden Bereiche – und schaffen gleichzeitig ganze Hierarchieebenen ab, die durch diese Dezentralisierung überflüssig geworden sind. Weil die Anforderungen der Kunden einerseits und der Preisdruck andererseits viele Unternehmen an die Grenze ihrer Leistungsfähigkeit treiben, gehen sie außerdem strategische Kooperationen mit anderen Unternehmen ein.

Diese beiden Neuerungen – dezentrale Unternehmenseinheiten und flexible Kooperationen – lassen sich schon aufgrund der Komplexität der Abläufe nicht per Anweisung dirigieren, sie müssen sich selbst steuern. »Diese Arbeitsaufgaben stellen gegenüber früheren, stark arbeitsteiligen Strukturen nicht nur erweiterte Anforderungen an die fachlichen und methodischen Kompetenzen der Arbeitspersonen, sondern vor allem auch an deren soziale und kommunikative Kompetenzen und individuelle Anpassungsfähigkeiten«, erklärt Peter Brödner vom Institut Arbeit und Technik (Gelsenkirchen), der den Wandel der modernen Arbeitswelt erforscht. »Sie müssen nun willens und fähig sein, ihre eigene Arbeit zu organisieren und zu reflektieren, unterschiedliche Bereiche von Fachwissen sinnvoll zu verbinden, mit wechselnden Personen zu kooperieren, sich auf wechselnde Umstände und Unsicherheit einzustellen und dabei gleichwohl Verantwortung und Zeitdruck zu tragen.«[6] Ein idealer Tummelplatz für Schweinehunde, die sich, wie wir bereits gezeigt haben, gerne dort breit machen, wo Menschen mit *Angst* und *Unsicherheit* auf undurchschaubare Situationen reagieren.

Wirtschaftskrise als Chance

In wirtschaftlich harten Zeiten ist es besonders schwierig, Mitarbeiter mit leuchtenden Zielen zu Bestleistungen zu animieren. Gerade in Krisenzeiten käme es darauf an, dass alle auf Hochtouren laufen, doch leider ist allzu häufig das Gegenteil der Fall: Die Krise beeinträchtigt das Engagement und die Leistungsbereitschaft enorm. Die Unternehmensberatung Hewitt Associates, Wiesbaden, kann das für die konjunkturell schwierige Situation, die zur Zeit der Drucklegung dieses Buches herrschte, mit Zahlen belegen: Während die attraktivsten deutschen Unternehmen im Jahr 2001 durchschnittlich einen Engagement-Wert von 81 Prozentpunkten erreichten, lag dieser Wert im Jahr 2002 nur noch bei 67. Gleichzeitig sank der Durchschnittswert aller teilnehmenden Unternehmen von 68 Punkten auf nur noch 48 Punkte.[7]

Die Mitarbeiter beklagen, dass ihnen weniger Ressourcen zur Verfügung stehen und dass ihre Aufstiegsmöglichkeiten deutlich eingeschränkter sind als im Vorjahr. Die Wirtschaftskrise hat ihre Schweinehunde fetter und wehleidiger gemacht als je zuvor: »Ach!«, jammern sie, »alles wird immer schlechter und wir können nichts dagegen tun.« Und sie lassen sich schlapp in ihren Schweinehundekorb fallen, um in tiefem Selbstmitleid zu versinken und sich auszumalen, wie in Zukunft alles immer noch düsterer und schlimmer werden wird ...

Auch diese Spirale des Klagens ist nichts Neues. Schlagen wir nach beim alten Schweinehundzähmer Seneca: Auf die Frage »Was nützt es, seinem Schmerze entgegenzulaufen?«, antwortet er: »Du wirst ihn früh genug empfinden, wenn er da sein wird; unterdessen versprich dir Besseres. Was du dadurch gewinnen wirst? Zeit!«[8] Folgen Sie seiner Empfehlung: Laufen Sie der Krise nicht entgegen, sondern versprechen Sie sich Besseres und gewinnen Sie Zeit. In dieser Zeit lassen sich wunderbar neue Strategien entwickeln, die Ihr Unternehmen auch in schwierigen Zeiten überlebensfähig und erfolgreich machen!

Sie fragen sich, wie Sie Ihre Mitarbeiter vom Jammern ab- und auf den gemeinsamen Kurs zurückbringen? Sie werden sich wundern: Die inneren Schweinehunde erweisen Ihnen dabei sogar einen guten Dienst. Denn wenn es Ihnen gelingt, sie kennen zu lernen, ihre Ängste, ihre Glaubensmuster und ihre Motivatoren zu verstehen, dann können Sie die im Untergrund wütenden, widerborstigen Saboteure nicht nur von ihren Blockaden abhalten, sondern sie sogar dazu bringen, Ihre Mitarbeiter nach Kräften zu unterstützen!

Dazu brauchen Sie allerdings eine gute Portion Mut, denn Ihnen bleibt nichts anderes übrig, als sich den Schweinehunden zu stellen.

Diese leben jedoch auf unübersichtlichem, schwer zugänglichen Terrain. Aber keine Sorge, es gibt eine Lösung. Bevor wir diese Lösung näher betrachten, lassen Sie uns gemeinsam tief in den Untergrund steigen – dorthin, wo die Schweinehunde hausen.

Teil II
Taktiken und Tummelplätze der kleinen Saboteure

Unternehmensberater erarbeiten für viel Geld Strategien, die nicht umgesetzt werden. Firmen stehen kurz vor der Insolvenz, können sich aber nicht aus von den alten Strukturen lösen und schlittern ungebremst in die Katastrophe. Wie ist das möglich? Ganz einfach: Weil Schweinehunde immer undercover arbeiten. Ihr übergeordnetes Arbeitsprinzip lautet:

Merksatz Nr. 1

Solange du nicht bemerkt wirst, kannst du ungestört agieren.

Das wird Ihnen nicht neu sein – und doch liegt hier der Schlüssel zur Zähmung der kleinen Saboteure verborgen! Sie bemerken den Schweinehund immer erst, wenn es schon zu spät ist, und das geht Ihren Mitarbeitern nicht anders. Wenn die Umsätze gesunken sind, wenn ein Projekt gescheitert ist oder wenn die Konkurrenz mit einem besseren und billigeren Produkt auf den Markt gekommen ist, während Ihr Unternehmen immer noch die alten Stiefel zu verkaufen versucht. Ein ungutes Gefühl verspüren Sie oder Ihre Mitarbeiter vielleicht, hin und wieder, während Sie sich in der Sicherheit des Altbekannten suhlen und das Unheil langsam näher schleicht. Aber bisher hat niemand den Schweinehund je auf frischer Tat ertappt. Warum das so ist?

- Wir sind bereits so daran gewöhnt, dass viele Projekte im Sande verlaufen, dass uns das gar nicht mehr besonders auffällt.
- Welche Veränderung auch immer Sie umsetzen wollen – der Schweinehund steht mit Einwänden und Ausreden da, schon bevor Sie Ihren Entschluss überhaupt gefasst haben.

Wenn Sie dem Treiben der Schweinehunde in Ihrer Firma oder Ihrem Projekt ein Ende setzen wollen, müssen Sie die verschiedenen Winkel kennen lernen und ausleuchten, in denen sie lauern. Dann entdecken Sie das Treiben der kleinen Unwesen schon, bevor sie größeren Schaden anrichten konnten. In so komplexen Gebilden wie einem Wirtschaftsunternehmen agieren sie – das ist das Tückische! – auf mehreren Ebenen gleichzeitig:

- Sie blockieren Change-Management-Prozesse, die das gesamte Unternehmen betreffen.
- Sie verhindern die Umsetzung einzelner Projekte.
- Sie sabotieren einzelne Mitarbeiter in ihrer beruflichen Entwicklung.

Um wirklich alle Schweinehunde in den Blick zu bekommen, reicht es nicht, wenn Sie die Ebenen Ihrer Organisation betrachten. Werfen Sie auch ein Auge auf den zeitlichen Prozess von Projekten. Denn die Schweinehunde haken gleich an mehreren Stellen ein, um Ihre Ziele zu sabotieren:

- Sie bringen bereits im Vorfeld den Entschluss zum Handeln zu Fall.
- Sie sorgen dafür, dass die getroffene Entscheidung in Vergessenheit gerät.
- Wenn ihnen das nicht gelingt, dann bringen sie die Projekte während der Ausführung zum Erliegen.
- Und schlussendlich sorgen sie für einen passenden Sündenbock, um weiterhin unerkannt zu bleiben.

Lassen Sie das nicht zu! Wie Sie geduldig, aber konsequent gegen diese Sabotageakte vorgehen, erfahren Sie im Teil III. Doch bevor wir in die Tiefen der schweinehund'schen Trickkiste hinabsteigen, werfen wir noch einmal einen Blick auf die historischen Veränderungen der Wirtschaftswelt. Denn dass der Schweinehund hier und heute so ungestört agieren kann, liegt nicht daran, dass die Mitarbeiter ihn allesamt noch nicht bemerkt haben, es hat, wie schon angedeutet, auch einen strukturellen Grund:

Im 19. Jahrhundert, der Zeit der Massenproduktion und der Riesenfabriken, hat sich ein pyramidenförmiger Organisationsaufbau durchgesetzt: oben der »Kopf« mit dem Privileg zu denken, zu entscheiden und zu delegieren, in der Mitte die Führungskräfte, die »top down«

Arbeiten veranlassten, kontrollierten und darüber »bottom up« Bericht erstatteten, während ganz unten die Arbeit erledigt, die Aufträge umgesetzt wurden.

Diese Struktur diente dazu, die spezifischen Probleme der industriellen Fertigung im vorletzten Jahrhundert zu lösen. Und heute noch schlagen sich viele Unternehmen mit den Resten dieses Musters herum, dass sich hartnäckig in den Organigrammen und, schlimmer noch, in den Köpfen der Mitarbeiter und Manager hält. »Der Preis, den wir heute dafür zahlen, ist Langsamkeit, Fraktionierung und Schwund der Kommunikation zwischen den funktional getrennten, operativen Inselwelten«, hat Organisationsberater Klaus Doppler beobachtet. »Fachlich bemänteltes Bereichsdenken und Ressortegoismus stehen in voller Blüte – und jede Schnittstelle lädt zu Statuskämpfen und Machtgerangel ein.«[9] Um den Kleinkrieg zwischen Ressorts und Einzelpersonen im Zaum zu halten, wurden komplizierte Abläufe festgelegt und Gremien ins Leben gerufen, die zu wenig mehr als der Bürokratisierung führen. Den Schweinehunden allerdings bieten diese Schnittstellen, Gremien und Regelwerke reichlich Platz zum Versteckspiel und fordern sie zu munterem Schabernack geradezu heraus.

Die beliebtesten Taktiken der inneren Schweinehunde

Betrachten wir ihre Strategien nun näher. Es sind im Laufe einer Entscheidungsumsetzung immer dieselben Augenblicke, in denen die Schweinehunde zuschlagen. Wenn Sie Ihre Wahrnehmung dafür sensibilisieren, wenn Sie sich klarmachen, an welchen Denkmustern und Äußerungen Sie erkennen können, dass Schweinehunde im Anmarsch sind, dann haben Sie schon halb gewonnen.

Der verhinderte Entschluss

Möglicherweise haben Sie das Buch *So zähmen Sie Ihren inneren Schweinehund!* gelesen oder Sie kennen es aus eigener Erfahrung: Am liebsten werden die kleinen Saboteure bereits vorbeugend tätig. Sie tun alles, damit bloß kein Entschluss zustande kommt, der von ihren Herrchen irgendwelche Änderungen oder Anstrengungen abverlangen würde. Im Unternehmensalltag ist es im Grunde genau so: Sämtliche Schweinehunde stehen schon auf den Barrikaden, bevor noch das erste Meeting stattgefunden hat, in dem irgendetwas beschlossen werden könnte.

Unmöglichkeitstaktik

Besonders beliebt bei Schweinehunden und Herrchen ist die Unmöglichkeitstaktik. Dass diese Taktik zur Anwendung kommt, merken Sie immer dann, wenn Ihre Mitarbeiter (oder Sie selbst!) folgende Sätze denken oder sagen:

- »Das geht nicht!«
- »Das Problem ist nicht lösbar«
- »Das kann kein Unternehmen schaffen!«
- »Das ist mit unseren Maschinen nicht möglich!«
- »Der Markt lässt das nicht zu!«
- »Daran sind schon andere vor uns gescheitert!«

Wer so etwas sagt, macht sich von der Verpflichtung frei, überhaupt irgend etwas zu tun: Es geht ja doch nicht. Und wer es dennoch versucht, der fällt bestimmt auf die Nase. Und damit wäre bewiesen, dass es nicht ging (oder dass der Mechanismus der »Self-Fullfilling-Prophecy« zuverlässig funktioniert).

Merksatz Nr. 2

Der Glaube an die Unmöglichkeit des Vorhabens schützt die Berge vor dem Versetztwerden.

Verschlüsselte Varianten der Unmöglichkeitstaktik beziehen sich auf so genannte »Sachzwänge«, die oft nichts anderes sind als Schweinehund-Ausreden:

- »Der Termin ist viel zu eng.«
- »Die Ressourcen reichen nicht aus.«
- »Das genehmigt die Geschäftsführung nicht.«
- »Den Preis akzeptieren die Kunden niemals.«
- »So etwas lässt sich heutzutage nicht durchsetzen.«

Opferlammtaktik

Brandgefährlich sind Schweinehunde, die sich mit der Tarnkappe der Rücksichtnahme, der Pflichterfüllung oder der Moral unsichtbar machen. Das mag befremdlich klingen, sind doch die drei erwähnten Beweggründe außerordentlich tugendhaft. Aber betrachten wir einige Beispiele:

Im Kundenteam eines Automobilzulieferers arbeiteten drei junge Kolleginnen zusammen. Sie waren gut in ihrem Job, mochten sich, unterstützten sich gegenseitig nach Kräften und waren als Team sehr erfolgreich. Eine der drei sprach immer wieder davon, dass sie psychisch nicht sehr belastbar sei. Sie beschrieb ihre schwere Kindheit in düsteren Farben. Daraufhin nahmen ihr die anderen beiden immer mehr Arbeit ab, machten Überstunden, während die Zartbesaitete ihren Freizeitaktivitäten nachging. Langsam kippte die Stimmung im Team. Der Schweinehund der beiden anderen Mitarbeiterinnen fing an, sich über die Mehrarbeit zu beklagen. Das Thema wurde aus Rücksicht auf die »schwache« Dritte aber nicht angesprochen. Kurze Zeit darauf ließ sich eine der beiden Mitarbeiterinnen versetzen.

Ein herber Verlust für das Unternehmen, denn anfangs waren die drei ein unschlagbares Team! Leider hatte keine den Mut, das Problem offen anzusprechen: Lieber litt jede still unter der Überlastung, lieber löste sich das Team auf, als dass die beiden Mehrarbeiterinnen der armen Kollegin das zuzumuten.

Merksatz Nr. 3

Aus Gründen der Rücksichtnahme entfällt die Übernahme der Selbstverantwortung.

Man könnte in diesem Beispiel mit Moral oder mit Ethik argumentieren. Damit waren die Mitarbeiterinnen zunächst fein raus und hatten sich unangreifbar gemacht. Sie waren ja die »Guten«! Doch tappen Sie nicht in die Opferlammfalle und machen wir uns nichts vor: Ihre Schweinehunde plädierten für *lebensbeschränkendes* Verhalten. Lassen Sie so etwas nicht zu. Ihre Mitarbeiter sind Mitarbeiter, keine Märtyrer.

Damit wären wir bei der »Pflicht«: »Die Pflicht kommt meist im grauen Leinensack der Entbehrung daher und wird begleitet von einer Aura der Selbstaufopferung«, schreibt Reinhard K. Sprenger in seinem Buch *Die Entscheidung liegt bei dir!*[10] Dabei sei die Berufung auf die Pflicht häufig nichts weiter als eine Ausrede, mit der eine eigene Entscheidung umgangen werden kann. Vor allem, wenn sie unangenehm ist, wie im folgenden Beispiel:

> Eine junge Raumausstatterin hatte das seit Generationen in Familienbesitz befindliche Unternehmen ihres Vaters übernommen. Sie konnte im Grunde nicht viel mit Polstermöbeln, Schabracken und Auslegeware anfangen, Nähen war ihr ein Graus. Außerdem hatte sie Probleme mit dem Rücken und ihren Gelenken, sodass sie Teppiche eigentlich gar nicht verlegen konnte. Die Geschäfte gingen schlecht, weil die Kunden in wirtschaftlich klammen Zeiten kaum dazu neigen, ihre Wohnung neu ausstatten zu lassen. Jahr für Jahr brachte sie den Laden mehr schlecht als recht über die Runden. Aus ihrem Gefühl, der Familie verpflichtet zu sein, führte sie das Geschäft weiter. Als ihre Schwester sich an der Universität einschrieb und leidenschaftlich ihr Fach studierte, wurde sie sehr nachdenklich.

An folgenden Sätzen erkennen Sie, dass Opferlamm-Schweinehunde, eine besonders tückische Unterart, am Werk sind:

- »Wir opfern uns auf!«
- »Wir tun schließlich nur unsere Pflicht!«
- »Wir nehmen doch Rücksicht und handeln im Sinne der Moral!«

Vielleicht ist es unser preußischer Hintergrund: Wir halten viel von

Pflichterfüllung. Dabei macht sie uns oft blind. Für uns selbst, aber auch für die Belange anderer.

Merksatz Nr. 4

Wenn die Pflicht ruft, schweigt der Verstand.

Unverbindlichkeitstaktik

Des Schweinehunds liebster Fall ist der Konjunktiv. Wenn Sie eine der folgenden Aussagen von Kollegen oder Mitarbeitern hören oder sich dabei ertappen, eine davon selbst zu machen, lassen Sie bitte fortan alle inneren Schweinehund-Warnglocken laut klingen:

- »Wir sollten mehr Kunden akquirieren.«
- »Man müsste mal die Telefonkosten prüfen.«
- »Eigentlich könnten wir mal die Marketingstrategie überarbeiten.«
- »Es wäre doch toll, wenn wir mehr Umsatz hätten.«

Super wäre das! Und wenn Sie Ihren Mitarbeitern einen solchen Vorschlag machen, können Sie sicher sein, was passiert: Gar nichts. Die Formulierung mit dem Wörtchen »man« ist übrigens am schlimmsten. Da ist nicht nur unklar, was überhaupt getan werden soll, es ist auch schleierhaft, wer gemeint ist.

Merksatz Nr. 5

Im Konjunktiv formulierte Aufträge werden selten realisiert.

Wenn Sie Aktionen unbedingt vermeiden wollen, dann benutzen Sie den Konjunktiv. Wenn Sie aber wollen, dass Ihr Team die Ärmel hochkrempelt und loslegt, dann sagen Sie es doch einfach – klar und deutlich!

Verzögerungstaktik

Auch bei der Verzögerungstaktik gibt es Sätze, bei denen fortan Ihre Schweinehund-Warnsirene losrasen sollte:

- »Wir müssen erst noch ... (eine Studie in Auftrag geben)«
- »Das können wir doch im übernächsten Jahr machen.«
- »Das nehmen wir noch mal in Angriff, wenn der Aufsichtsrat getagt hat.«
- »Wir starten, wenn die Konjunktur wieder anzieht.«
- »Das entscheiden wir im Sommer (Winter ...).«
- »Dazu müssen wir erst ein Seminar besuchen.«
- »Das müssen wir erst von oben absegnen lassen.«

»Was, hier soll ein Schweinehund am Werke sein?«, fragen Sie sich jetzt vielleicht. »Das ist doch Unternehmensalltag, das ist doch ganz normal!« Klar, es ist eben der ganz normale Unternehmensalltagsschweinehund. Er sorgt dafür, dass alle am Beckenrand stehen bleiben und nicht ins kalte Wasser springen – es könnte ja kalt sein. Diese Scheu ist im Volksmund auch als »Aufschieberitis« bekannt. In der Tat: Der Schweinehund schiebt gerne: Entscheidungen vor sich her, Projekte auf die lange Bank, Investitionen ins nächste Jahr ...

Merksatz Nr. 6

Die lange Bank ist der Schweinehunde liebste Werkzeugbank.

Seien Sie sicher: Das Schweinehund-Gefühl Ihrer Mitarbeiter (oder Ihr eigenes?) wird im nächsten Jahr so schlimm sein wie in diesem. Die Konjunktur wird im kommenden Jahr genauso wenig vorherzusehen sein wie jetzt. Und wenn Sie ein weiteres Seminar besucht haben, verstehen Sie die Welt vielleicht noch weniger als heute. Also: Springen Sie doch einfach jetzt mit ihrem Team ins kalte Wasser. Ja, es ist kalt. Aber es ist immer kalt. Auch im nächsten Jahr noch. Also warum nicht jetzt?

Verharmlosungstaktik

Die Verharmlosungstaktik der Schweinehunde klingt »harmlos«. Sie ist aber besonders gefährlich, weil sie blind macht und, da herannahendes Unheil nicht rechtzeitig erkannt wird, immer viel Geld oder gar die Existenz Ihres Unternehmens kostet.

Ein mittelständisches Maschinenbau-Unternehmen stellte fest, dass die angebotenen Produkte über die Jahre immer weniger nachgefragt wurden. Noch aber lief das Geschäft zufrieden stellend, deshalb änderte man nichts an der althergebrachten Produktpalette. Die Liquidität der Firma nahm zwar langsam ab, außerdem ging es der gesamten Branche immer schlechter, aber – da war man sich sicher – es würde irgendwie gut gehen. Es war ja über Jahrzehnte gut gegangen. Als eines Tages einer der Hauptkunden ausblieb und außerdem eine Maschine ausfiel, musste die Geschäftsführung sich eingestehen, dass das Unternehmen am Ende war.

Seien Sie also wachsam! An folgenden Sätzen erkennen Sie, dass Verharmlosungsschweinehunde am Werk sind:

- »Alles halb so wild.«
- »Das hat doch noch Zeit.«
- »Es wird noch eine Weile gut gehen.«
- »Bis zum Termin ist es ja noch lange hin.«
- »Wir hatten doch bisher immer Glück.«
- »Wir haben doch schon ganz andere Projekte gestemmt.«

Entlarven Sie diese Taktiken rechtzeitig, rütteln Sie sich und Ihre Mitarbeiter wach und schauen Sie der Realität ins Auge. Denn:

Merksatz Nr. 7

Beschwichtigung ist ein Betäubungsmittel mit besonders lähmenden Nebenwirkungen.

Wenn Ihre Mitarbeiter oder Sie selbst dieses Mittel einsetzen, fühlen Sie sich nur kurzfristig erleichtert. Seien Sie sicher: Irgendwann werden Sie mit einem richtig üblen Kater aufwachen!

Nicht-Zuständigkeitstaktik

Die Folgen der besonders perfiden, leider aber auch besonders häufigen Nicht-Zuständigkeitstaktik zeigt das folgende Beispiel besonders eindringlich:

> Ein Heizungsbauer setzte sich zum Ziel, mehr Aufträge hereinzuholen. Auf die Frage, wie das Unternehmen dabei vorgehe, hieß es: »Wir suchen Löcher.« Gemeint war damit, dass man mit dem Auto kreuz und quer durch die Gegend fuhr auf der Suche nach Bauinformationsschildern, die Auskunft über neue Bauvorhaben und die daran beteiligten Unternehmen gab. Dort wurde dann angefragt, ob »zufällig« auch Heizungen für das neue Gebäude benötigt wurden. Es gab keinerlei systematische Akquise, keinen »Baukasten«, nach dem systematisch neue Baustellen hätten ausfindig gemacht werden können. Auch das Internet oder Behörden wurden nicht zurate gezogen, um sich zum Beispiel einen Gesamtüberblick über alle Bauvorhaben in einer bestimmten Region und innerhalb eines bestimmten Zeitrahmens zu verschaffen und sich damit das umständliche, ineffiziente und zeitraubende Herumfahren zu ersparen. Auf die Frage, warum das Unternehmen denn bei der Zielerreichung nicht systematischer vorging, sagte der Chef: »Ich bin kein Verkäufer, das sollen meine Mitarbeiter machen.« Die Mitarbeiter wiederum meinten: »Wir warten darauf, dass der Chef uns sagt, was wir tun sollen. Wir sind schließlich nicht verantwortlich.«

Dies ist ein klassisches Beispiel, wie Schweinehunde mit ihrer Nicht-Zuständigkeitstaktik ihre Besitzer an der Nase herumführen, wenn

Ziele nicht mit allen Mitarbeitern abgesprochen und außerdem systematisch, in wiederholbaren Einzelschritten verfolgt werden. Wenn es, wie hier, an einem durchdachten Konzept und an klaren Maßstäben fehlt, die zeigen, ob und inwieweit das gesteckte Ziel erreicht wurde, dann haben die inneren Schweinehunde der Mitarbeiter freie Hand. Denn sie sabotieren nach der Devise:

Merksatz Nr. 8

Wer nicht zuständig ist, der braucht nicht zu handeln.

Der vergessene Entschluss

Stellen Sie sich vor, Ihnen ist es trotz all dieser Tücken gelungen, eine eindeutige Entscheidung zu treffen. Halt! Sie dürfen sich jetzt nicht beruhigt zurücklehnen und die Dinge ihren Gang gehen lassen. Denn die inneren Schweinehunde lauern jetzt schon darauf, die einmal getroffene Entscheidung zu vernebeln und schließlich in das Reich des Vergessens zu katapultieren.

Schwammige Formulierung

Am besten gelingt den kleinen Saboteuren das, wenn Vorhaben unkonkret formuliert werden. Folgende Sätze, die Sie in Ihrer Abteilung hören oder selbst denken, sollten bei Ihnen Alarmstufe Rot auslösen:

- »Wir werden *versuchen*, dieses Projekt umzusetzen.«
- »Wir möchten das Projekt *bald* in Angriff nehmen.«
- »Wir wollen *mehr* auf die Kosten achten.«
- »Wir wollen *regelmäßiger* Meetings abhalten.«

Selbst, wenn Sie und Ihre Mitarbeiter dies alles wirklich gerne tun würden – Sie haben keine Chance. Denn Aufträge im Komparativ und ohne Terminierung sind nicht nur nicht zu erfüllen, Sie sind auch eine Einladung an alle inneren Schweinehunde, sie sofort unter den Tisch fallen zu lassen.

Merksatz Nr. 9

Wer nicht genau weiß,
worin seine Aufgabe besteht,
braucht auch nichts zu tun.

Herkules-Taktik

Eine beliebte Taktik, einmal gefasste Entschlüsse versanden zu lassen, ist auch die, das Ziel von Anfang an zu hoch zu stecken.

- »Wir werden nächstes Jahr Marktführer.«
- »Wir verdoppeln unseren Profit.«
- »Wir expandieren nächstes Jahr nach Amerika und Asien.«

Oder noch schlimmer: Ein hoch gestecktes Ziel schwammig zu formulieren:

- »Wir machen nächstes Jahr alles anders.«
- »Wir sollten unbedingt irgendwann unser gesamtes Bestellwesen neu strukturieren.«

Die sabotierte Umsetzung

Wenn es Ihnen gelungen ist, für Ihr Unternehmen, Ihr Team oder Ihr Projekt einen »Schweinehund-sicheren« Entschluss zu fassen, dürfen

Sie sich auf keinen Fall ausruhen. Denn jetzt gilt es, die *Umsetzung* Ihres Vorhabens gegen die Angriffe der kleinen Saboteure zu verteidigen.

Ablenkungstaktik

Eine PR-Beratung hatte sich entschlossen, ihre Geschäftsstrategie zu verändern. Die Branche, in der sie bis dato sehr erfolgreich tätig gewesen war, machte einfach nicht mehr so viel Umsatz, und in der Zukunft war mit weiteren Rückgängen zu rechnen. Es galt, zu neuen Ufern aufzubrechen und neue Kunden zu erobern. Ein Unternehmensberater wurde bestellt, mit dem zusammen die neue Strategie ausgearbeitet werden sollte. Als dieser, wie besprochen, zum Termin erschien, hatte der Projektleiter gerade noch etwas zu erledigen. Nach zwei Telefonaten wollte er gleich kommen. In der Abteilung herrschte allgemeiner Trubel, weil eine Kollegin gerade ihren Ausstand feierte. So wurde der Berater erst mal zu einem Umtrunk eingeladen. Nach einer halben Stunde kam der Projektleiter dazu, und verwickelte sich und den Berater in einen Small Talk. Man könne aber gleich mit der Besprechung beginnen, er müsse nur noch die Unterlagen zusammensuchen. Nach einer weiteren halben Stunde verabschiedete sich der Berater mit dem Hinweis, er müsse nun seinen nächsten Termin wahrnehmen.

Es klingt unglaublich, aber so etwas kommt tatsächlich immer wieder vor. Durchaus vernunftbegabte Mitarbeiter vollführen einen Eiertanz um eine zu erledigende Aufgabe herum, verschwenden Zeit und Geld. Der Grund: Angst vor Misserfolg. Lieber beschäftigt man sich noch eine Weile mit einer »dringenden« oder »angenehmeren« Aufgabe, derweil aber die Angst immer größer wird. Im Gegenzug wird der Ausweichimpuls ebenfalls immer stärker. Ein Teufelskreis, der entweder damit endet, dass ein Vorhaben aufgegeben, oder auf den »letzten Drücker« erledigt wird – nachts oder am Wochenende, natürlich mit dem entsprechenden Qualitätsverlust.

Merksatz Nr. 10

Wer sich ablenken lässt, verlässt die Zielgerade.

Wenn Sie diese Sätze hören, entlarven Sie den Ablenkungsschweinehund:

- »Ich muss erst noch ...« (Mails beantworten, telefonieren, aufräumen etc.)
- »Wir sind momentan noch nicht in der richtigen Stimmung.«
- »Gehen wir doch zuerst noch einen kleinen Kaffee trinken.«
- »Das können wir doch auch morgen beginnen.«

Ausnahmetaktik

In einer großen Abteilung gab es etliche neue Projekte und neue Mitarbeiter, die den Konzern noch nicht so gut kannten, deshalb lief die Kommunikation seit kurzem schleppend. Daraufhin wurde ein »Jour Fixe« ins Leben gerufen: An einem festen Tag in der Woche sollten sich alle treffen, aktuelle Ergebnisse vorstellen und sich austauschen. Die Idee rief bei den Mitarbeitern zunächst Begeisterung hervor. Mit der Zeit verkam der Termin allerdings zu einer langweiligen Show-Veranstaltung, bei der jeder sich vor dem Abteilungsleiter im besten Licht präsentieren wollte. Immer häufiger sagte dieser die Runde kurzfristig ab, weil »wichtige Termine« dazwischenkamen. Nach einigen Wochen fand die Runde dann gar nicht mehr statt.

Wenn Sie in Ihrem Unternehmen langfristige Veränderungen bewirken wollen, ist die Ausnahmefalle die für Sie gefährlichste Tücke der Schweinehunde. Auch diesen Trick erkennen Sie an spezifischen Sätzen:

- »Dieser Anlass ist so wichtig, dass er einfach vorgeht.«
- »Wenn wir das jetzt einmal ausfallen lassen, ist das doch nicht so schlimm.«
- »Einmal ist keinmal.«

Und damit wären wir beim berühmten Schweinehund-Dreisatz:

Merksatz Nr. 11

Ausfallen lassen – schleifen lassen – sein lassen.

Abbruchstaktik

Wenn ein Projekt vor großen Schwierigkeiten steht oder wenn ein Team in einem Stimmungstief hängt – dann schlagen die Schweinehunde mit Vorliebe zu. Sie tönen

- »Wir schaffen es doch sowieso nicht.«
- »Die ganze Anstrengung ist doch vollkommen umsonst.«
- »Machen wir uns das Leben doch nicht so schwer und lassen den ganzen Quatsch.«

Jetzt kommt es darauf an, trotzdem weiterzumachen! Lassen Sie sich von Ihrem eigenen oder den Schweinehunden Ihrer Mitarbeiter nicht von der Zielgerade abbringen. Wenn Sie das einmal zulassen, haben Sie es in Zukunft nur noch schwerer, Ihre Leute bei der Stan-ge zu halten. Schaffen Sie es aber durch das »Tal der Tränen«, dann haben die kleinen Saboteure bei Ihnen auch in Zukunft wenig Chancen.

Die Tummelplätze der Schweinehunde

Nachdem wir die Spielchen der Schweinehunde in den verschiedenen Phasen einer Entscheidungsumsetzung betrachtet haben, betrachten wir nun die ganze Sache noch einmal aus einer anderen Perspektive. Wir wollen schließlich sichergehen, dass Sie die Machenschaften der sabotierenden Untergrundwesen wirklich verstehen und in Zukunft rechtzeitig erkennen, damit Sie sie schon im Vorfeld zähmen können. Widmen wir uns also jetzt den verschiedenen Ebenen des Unternehmens – vom Unternehmen als Ganzes über einzelne Projekte bis hin zum individuellen Mitarbeiter.

Sabotage des Unternehmenswandels

Kein Unternehmen kann es sich heute leisten, auf einem einmal definierten Status quo zu verharren. Ohne die flexible Anpassung an eine sich ändernde Marktsituation, an die Wünsche neuer Kundengenerationen oder an moderne Produktionsmethoden, ohne ständige Produktinnovation oder -verbesserung wird es nicht überleben.

Doch wir erinnern uns: Schweinehunde sind vor allem eines –

träge! Sie fürchten die Veränderung und den Wandel wie die Pest und versuchen, sie mit allen Mitteln zu verhindern.

Wahrung von Besitzständen

»Das haben wir schon immer so gemacht« – Sie kennen diesen Satz. Er zählt zu den Lieblingssätzen der Unternehmensschweinehunde, denn er dient vor allem dazu, alte Besitzstände und Bequemlichkeiten zu bewahren.

In einem mittelständischen Medienunternehmen wurde eine Abteilung eingeführt, die alle Marketingaktivitäten des Hauses bündeln sollte. Durch die bessere Koordination versprach man sich, Kosten in Millionenhöhe zu sparen und die Präsenz des Unternehmens zu professionalisieren. Was für die Controller ein sonnenklarer Schritt war, erschien der Vertriebsmannschaft und der Anzeigenabteilung wie ein unerträglicher Einschnitt in ihre Kompetenz: Bis dato waren die Messen für sie immer eine gute Abwechslung im Arbeitsalltag gewesen, man kam raus aus der Stadt und leistete sich ein fürstliches Essen auf Firmenkosten. Bei der Planung des Messestandes und der Gestaltung von Flyern und Broschüren konnte man der eigenen Kreativität richtig freien Lauf lassen. Dass damit nun Schluss sein sollte, sahen die Mitarbeiter überhaupt nicht ein, und planten weiterhin Aktivitäten auf eigene Faust. So oft es eben ging, produzierten sie Werbematerialien und starteten Marketingaktionen an der neu gegründeten Abteilung vorbei. Für die Mitarbeiter ein Riesenspaß, für das Bild des Unternehmens in der Öffentlichkeit aber ein großes Problem, denn eine eindeutige Corporate Identity konnte auf diese Weise natürlich nicht entstehen.

Klarer Fall: Hier haben wir es mit Platzhirschen und Ressortegoisten zu tun, die sich die Fäuste reiben, wenn es ihnen gelingt, etwas für ihr kleines Reich zu tun, das sie sich innerhalb des Unternehmens geschaffen haben. Change-Management-Prozesse werden aber nicht nur von Einzelpersonen oder Ressorts sabotiert, sie werden von der Unternehmensspitze häufig gar nicht erst in Angriff genommen.

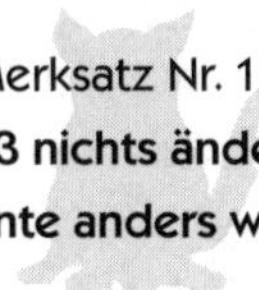

Merksatz Nr. 12

Bloß nichts ändern,
es könnte anders werden.

Eine aktuelle Studie des Institutes für Arbeit und Technik (IAT) zeigt, dass trotz der weithin bekannten Vorteile flexibler Organisationen die neuen Formen moderner Arbeitsorganisation in den meisten europäischen Ländern noch wenig verbreitet sind. Der radikale Wechsel von einer traditionellen, kostenorientierten Arbeitsorganisation hin zu einer expansiven, kompetenzzentrierten und flexiblen Unternehmensstrategie ist schwierig und stößt auf starke Widerstände. Als Folge werden viele Unternehmen weder die personellen noch die organisatorischen Ressourcen für eine notwendige, grundlegende strategische Neuausrichtung haben und den Wandel verpassen.

Wenn Veränderungsprozesse von der Basis blockiert werden – sei es im Vorfeld, während des Entscheidungsprozesses oder während Umsetzung – dann gibt es dafür zumeist nur einen einzigen Grund: Angst. Denn so viel ist bekannt: Wann immer ein Unternehmen seine Profitabilität steigern will, stehen die Personalkosten zur Disposition. Und welcher Mitarbeiter, der um seinen Arbeitsplatz fürchtet, würde nicht sämtliche Maßnahmen boykottieren, die seine Arbeitskraft überflüssig machen? Er würde sich nicht rational verhalten, brächte er Verbesserungsvorschläge ein, die ihn letztendlich seinen Job kosten! Sie sehen es: Die Schweinehunde der Mitarbeiter sorgen dafür, dass ihnen ihre Lebensgrundlage nicht entzogen wird. Auch dies ist eine Form der Besitzstandswahrung, hier allerdings existenzieller Natur.

Im Staub der Bürokratie

Häufig fängt es mit einer guten Idee an, die als Ausgangsbasis für ein neues Programm dient, zum Beispiel soll ein Arbeitsablauf optimiert werden:

> In einem Dienstleistungsunternehmen wurden die Schritte zur Erstellung eines Kundenangebotes mehrfach auf verschiedene Art und Weise von unterschiedlichen Mitarbeitern im Trial-and-Error-Verfahren durchgeführt, bis ein optimales System gefunden wurde. Nun waren alle zufrieden und wollten dieses System im Unternehmen etablieren, um sicherzustellen, dass der einmal als gut befundene Ablauf immer wieder und von allen Mitarbeitern in gleicher Weise vollzogen wurde. Dies hätte eine konstante Qualität bei einem zugleich effizienten Arbeitsverfahren gewährleistet.
>
> Deshalb legte die Zentrale einen dicken Ordner an, in dem der Plan für den Arbeitsablauf festgeschrieben wurde. Schritt für Schritt wurden in diesem Ordner nun alle Maßnahmen und Regeln als neuer Standard fixiert – für jedermann zum Nachschlagen. Der dicke Ordner stand nun in den Regalen aller zuständigen Mitarbeiter und würde auch in den Regalen der erst in späteren Jahren eingestellten neuen Mitarbeiter desselben Arbeitsbereiches zu finden sein.
>
> Am Anfang freuten sich alle Mitarbeiter und Führungskräfte: Alle hatten einen bedeutenden Schritt nach vorne getan; ein schwieriges Problem konnte umfassend so gelöst werden, dass es Vorbildcharakter hatte. Doch nach und nach verlor sich dieses Vorbild, und der Schweinehund schlich sich in das System ein, bis es außer Kontrolle geriet.
>
> Schwanzwedelnd und fröhlich grinsend lugte der kleine Saboteur aus dem dicken Ordner heraus, sobald ihn jemand nur aufschlug. Zum Beispiel der neue Mitarbeiter Herr M.: »Um Him-

mels willen, muss ich das alles lesen?«, rief er entsetzt aus, als er von seinem Kollegen, einem alten Hasen, mit den Worten »Bei uns wird das so und so gemacht. Nehmen Sie sich mal den Ordner 3HQ1/2003 zur Hand, da steht das alles genau drin.« auf das Verfahren hingewiesen wurde.

Herr M., der erst vor kurzem eingestellt wurde, sah sich nicht nur mit 500 Seiten unübersichtlichem und klein gedrucktem Text inklusive Tabellen konfrontiert, sondern prompt auch mit seinem inneren Schweinehund. Denn es gab natürlich nicht nur den Ordner 3HQ2, sondern auch noch den Ordner 4HQ1usw. – lauter Ordner mit »Standardarbeitsverfahren«, die für den Arbeitsbereich von Herrn M. Gültigkeit hatten. Die Firma hatte wirklich gründliche Vorarbeit geleistet und im Laufe der Jahre eine ganze Reihe von Standardprogrammen entwickelt – mit der besten Absicht, allen Mitarbeitern das Leben zu erleichtern.

»Wer soll das alles lesen – und dann auch noch so verinnerlichen, dass man es jederzeit aus dem Effeff beherrscht?«, fragte der Schweinehund leise flüsternd Herrn M. und hatte auch prompt die passende Antwort parat: »Am besten, du vergisst das ganze Zeug und machst es so, wie du es in deiner alten Firma auch gemacht hast. Das hat ja schließlich immer funktioniert.«

Wie Sie sich denken können, geht es nicht nur Herrn M. in unserem Beispielunternehmen so, sondern allen neuen Mitarbeitern, die die Etablierung eines Systems und die Freude bei dessen Gelingen nicht miterlebt haben. Für sie ist das – im Gegensatz zu den alten Hasen in der Firma, die nach und nach in Rente gehen – nichts weiter als ein undurchsichtiger Berg von Bürokratie, bestehend aus Ordnern, Papierstapeln, Dokumentationen und Handbüchern, der die unangenehme Eigenschaft hat, immer weiter anzuwachsen, wofür nicht zuletzt die Schweinehunde verantwortlich sind. Denn ihr Grundsatz lautet:

Merksatz Nr. 13

Ein Höchstmaß an Bürokratie sorgt dafür, dass alles beim Alten bleibt.

Schweinehunde wollen prinzipiell, dass alles beim Alten bleibt. Veränderungen oder Neuerungen erscheinen ihnen bedrohlich; schließlich kosten sie ja Mühe und Arbeitseifer, und davor wollen die kleinen Widersacher ihre Besitzer stets bewahren. Es ist ja auch viel bequemer, im alten Trott weiterzumachen, als sich etwas Neues auszudenken oder gar neue Verfahren zu erlernen und anzuwenden.

Nur leider bewahren die Schweinehunde ein Unternehmen damit auch vor notwendigen Neuerungen und Innovationen. Der ständige Wandel im Unternehmen und in seinem Umfeld – neue Mitarbeiter, neue Produkte, veränderte Märkte, andere Kaufgewohnheiten, andere Lieferanten, veränderte politische Rahmenbedingungen usw. – lassen es kontraproduktiv erscheinen, Arbeitsabläufe und Standardverfahren über Jahre oder Jahrzehnte einzuzementieren, ohne sie jemals infrage zu stellen oder einmal gründlich auszumisten.

Die Mitarbeiter der Forschungs- und Entwicklungsabteilung eines großen Unternehmens fahndeten drei Tage lang nach allen eingefahrenen Regeln und Ritualen, die bisher schnelle Lösungen im Unternehmen verhindert hatten. Entschieden ging man daran, alle heiligen Kühe zu schlachten, die bisher nicht angetastet werden durften. Bei der großen Ausmistaktion fand man unter anderem die Formulare für die Genehmigung von Geschäftsreisen. Sie füllten sage und schreibe 71 vollgeschriebene Seiten! Schon seit Jahren hatte man sich im Unternehmen gewundert, wieso der Kontakt zu den Kunden nicht mehr so recht klappte und wieso gewisse Produkte ständig als fehlerhaft von den Kunden reklamiert wurden, sodass der Verkauf immer weiter zurückging. Jetzt stellte sich heraus, dass den Ingenieuren der Forschungs- und

Entwicklungsabteilung (beziehungsweise ihren Schweinehunden) der Papierkram schon lange zu lästig war und sie lieber in der Firma blieben, anstatt zum Kunden zu fahren und die notwendigen Faktoren für die Produktentwicklung mit ihnen gleich selbst vor Ort abzusprechen. Lieber produzierte man am Bedarf vorbei – während die Schweinehunde zwischen Dutzenden dicker Ordner und Handbücher genüsslich schnarchten.

Bei der großen Ausmistaktion stellte sich außerdem heraus, dass die Ingenieure einen immensen Verwaltungsaufwand betreiben mussten, bevor sie einen Laptop aus der Firma zum Kunden oder nach Hause mitnehmen durften. Mitarbeitern, denen man bedenkenlos einen Etat von mehreren 100 000 Euro für die Produktentwicklung anvertraute, wurde stillschweigend unterstellt, dass sie womöglich einen Laptop im Wert von 3 000 Euro stehlen könnten!

Der Datenberg ruft

Es gilt heute als zeitgemäß, Datenpools aufzubauen und alle Arten von Wissensquellen wie Internet und Intranet zur Erstellung umfassender Datenbanken zu nutzen. Viele Stabsstellen und nicht zuletzt die Controlling-Abteilung generieren, sammeln, ordnen und verwerten unzählige Daten. Moderne Computer machen es möglich: Hardware und Software sind so leistungsfähig, dass es ein Kinderspiel ist, Millionen von Datensätzen zu speichern und auf vielfältige Weise Beziehungen zu ermitteln, um Berechnungen aller Art anzustellen. Prinzipiell lässt sich alles und jedes miteinander vergleichen, sodass die Informationsgenerierung gegen unendlich geht.

Und diese Fähigkeit nutzen die Schweinehunde weidlich aus. Sie bringen ihre Besitzer in den Chefetagen dazu, Wissen zu horten wie die Hamster. Und weil ihnen das so viel Spaß macht, spannen sie gleich auch noch möglichst viele Mitarbeiter vor ihren Karren, außerdem

Computerspezialisten, etliche Marktforschungsinstitute und externe Unternehmensberater. So sind Heerscharen von Menschen mit nichts anderem als mit Datenpflege beschäftigt, anstatt sich um die Pflege der Kunden zu kümmern.

Die Data-Warehouse-Analysten eines Telekommunikationsanbieters werteten zur Entwicklung eines neuen Tarifsystems für Handys mit großem technischen Aufwand mehr als 20 Millionen Kundendatensätze aus: Wer telefoniert wie lange und zu welcher Tageszeit? Doch anstatt die Schweinehunde mit großem Aufwand über die Datenautobahn surfen zu lassen, hätte man ganz einfach auch die Mitarbeiter mit ständigem Kundenkontakt befragen können. Das wäre allerdings weniger komplex gewesen und hätte auch nicht so wissenschaftlich ausgesehen.

Gigantische Datenberge werden oft ohne klare Zielsetzung oder Aufgabenstellung angehäuft und liegen dann ungenutzt in einer Schublade. Nur selten werden die Daten sinnvoll ausgewertet, als Wissen wieder ins Unternehmen integriert und sinnvoll für Produkte und zur besseren Kundenorientierung genutzt. Denn die Schweinehunde der Mitarbeiter handeln nach dem Motto

Merksatz Nr. 14

Wer Daten sammelt, braucht keine Entscheidungen zu fällen.

Es geht auch anders: Verzichten Sie doch einfach auf Daten und reduzieren Sie alle Informationen!

Das klingt wiederum zu einfach, als dass der Schweinehund es glauben könnte. Und doch leben erfolgreiche Unternehmen es vor.

Der Lebensmitteldiscounter Aldi ist nicht nur seit Jahrzehnten unangefochtener Branchen- und Marktführer, sondern hat – trotz 30 Milliarden Euro Umsatz mit 5 000 Läden – noch niemals ein zentrales Controlling besessen. Controlling, soweit es überhaupt existiert, ist die Aufgabe jedes einzelnen Managers vor Ort. Aldi verzichtet im Gegensatz zu anderen Unternehmen auch darauf, Umsätze wöchentlich oder monatlich zu überprüfen, sondern bleibt bei der quartalsweisen Statistik. Die Budgetrechnungen für das kommende Jahr fallen ebenfalls kurz und knapp aus; die monatelange Beschäftigung mit Planungsritualen wird bei Aldi als ineffizient abgelehnt. Die Devise lautet: Lieber wenige Zahlen gründlich betrachten, als Zahlenmassen in alle möglichen Beziehungen bringen und am Ende nur Datenfriedhöfe produzieren. Kostenbewusst schaut man sich bei Aldi auch die Folgekosten der Datenerstellung an: Es nützt nichts, Daten nur zu erstellen, sie müssen ja auch von den Mitarbeitern gelesen und interpretiert werden. Und das würde Zeit in Anspruch nehmen, die vom eigentlichen Geschäft unnötigerweise abginge. Die dezentrale Arbeitsweise von Aldi, die die Entscheidungskompetenz jeweils vor Ort belässt, begünstigt zudem den Verzicht auf überflüssigen Datensalat, der von der Zentrale aus produziert werden könnte.

Bei Aldi weiß man: Daten erzeugen keine Entscheidungen, Daten erzeugen bestenfalls neue Daten. Und damit sind wir schon beim nächsten Problem.

Verhinderung von Projekten

Nicht nur Change-Management-Prozesse auf Unternehmensebene fallen den Attacken der inneren Schweinehunde zum Opfer. Auch Einzelprojekte stehen immer wieder auf der Speisekarte der kleinen Saboteure. Anlässe dafür finden sie reichlich.

Konkurrenz um Ressourcen und Themen

»Da könnte ja jeder kommen« – auch diesen Satz haben Sie schon oft gehört. »Oft genug!«, möchten wir ergänzen. Dieser Satz kommt immer dann ins Spiel, wenn Aufgaben oder Ressourcen nicht wie gewohnt verteilt, sondern einem Projekt zugeordnet werden. Da rebellieren nicht nur alte Hasen, die sich in ihrer Kompetenz übergangen fühlen, sondern auch Musterschüler, die am liebsten alles vorbildlich nach dem gleichen Schema F abwickeln und natürlich die Bedenkenträger, die nicht glauben können, dass ein neues Team mit der Aufgabe überhaupt fertig werden könnte.

Ein großes Versicherungsunternehmen stellte fest, dass verschiedene Abteilungen des Hauses über verschiedene Adresspools mit Kundendaten verfügten. Wenn diese Daten zusammengeführt würden, so die Idee, dann könnte man effektiver Neukunden werben. Es wurde eine Projektgruppe mit Vertreten aller betroffenen Abteilungen gegründet, die eine Problemlösungsstrategie entwickeln sollten. Das Projekt genoss höchste Priorität im Haus und wurde direkt unter der Geschäftsleitung angesiedelt. Für die Leiter der einzelnen Ressorts bedeutete es aber, stundenlang auf ihre fähigsten Mitarbeiterinnen und Mitarbeiter zu verzichten, was zu erheblichen Problemen innerhalb der Abteilungen führte. Deshalb setzten sie alles daran, das Projekt lahmzulegen: Sie lieferten keine Informationen, zermürbten die Projektmitarbeiter mit immer neuen Bedenken und packten ihnen den Terminkalender so voll, dass diese zwischen Projekt und Abteilung zerrieben wurden. Das Projekt kam nicht voran, wodurch das Unternehmen einen erheblichen strategischen Nachteil gegenüber seinen Mitbewerbern hinnehmen musste.

In Euro und Cent lässt sich diese Sabotageaktion nur schwer beziffern, sodass die Schweinehunde einmal mehr unerkannt bleiben konnten.

Sie kommen aber nicht nur ans Tageslicht, wenn um Ressourcen gerangelt wird. Auch wenn Abteilungen um Themen konkurrieren, treten sie auf den Plan.

Die letzte Kundenstruktur-Analyse einer Zeitschrift war einige Jahre alt, eine neue sollte durchgeführt werden – ein tolles Renommierprojekt, zu dessen Abschluss eine Präsentation vor der Geschäftsführung fällig war. Wer einen dieser Auftritte ergatterte, konnte sich in Szene setzen und wichtige Pluspunkte für die nächste Beförderungsrunde sammeln. Wer durfte die Studie nun in Auftrag geben: Die Anzeigenabteilung? Die Marketingabteilung? Die Vertriebsabteilung? Die Anzeigenabteilung ergatterte schließlich das Projekt. Als die Daten vorlagen und eine Broschüre daraus erstellt werden sollte, ließ die Marketingabteilung das Projekt in der Schublade verschwinden. Die Konzeption sei noch nicht fertig, die Grafiker hätten keine Zeit – es fielen immer neue Ausreden. Die Verzögerung des Projektes war meisterlich: Nach zwei Jahren ging die Broschüre endlich in Druck. Aktuell waren die Daten natürlich nicht mehr, und so ließ sich weder die Geschäftsleitung davon beeindrucken noch ließen sich neue Auftraggeber damit überzeugen.

Schweinehunde sind eben sehr darauf bedacht, dass ihren Herrchen nichts weggenommen wird. Sobald es an deren Macht und Ressourcen geht, werden sie fuchsteufelswild. Denn sie leben nach dem Motto

Merksatz Nr. 15

**Wer für die eigenen Pfründe sorgt,
braucht sich um die Unternehmensziele
nicht zu kümmern.**

Im Strudel der Befindlichkeiten

Und es gibt noch einen Tummelplatz für Schweinehunde, wenn es um die Realisierung von Projekten geht: die allgemeine Befindlichkeit.

Auch das kennen Sie vielleicht: In Ihrem Team läuft die Kommunikation ganz gut, Ihre Mitarbeiter kennen sich nicht nur auf der Sachebene aus, sondern bewegen sich auch auf der Beziehungsebene souverän. Manchmal allerdings bleiben sie auf ihr hängen und fangen an, sich um sich selbst zu drehen.

> An einer Universität schlossen sich mehrere Nachwuchsforscher zusammen, um die Möglichkeiten des Internets für ihre wissenschaftlichen Belange auszuloten. Alle kamen aus verschiedenen Fachbereichen und begannen ihre Arbeit damit, ihre Erwartungen an das Projekt darzulegen. Dann begannen Debatten darüber, ob sich das Projekt auf einer eigenen Website im Internet präsentieren sollte. Daraus wiederum entspann sich eine Diskussion darüber, in welcher Beziehung das Projekt zur Gesamtorganisation der Universität stehen solle. Außerdem: welche Machtverhältnisse es innerhalb des Projektes geben dürfe, ob Frauen unterrepräsentiert wären und welche Gefühle dies bei den Beteiligten auslöste, und, und, und. Nach einigen Monaten löste sich das Projekt auf.

Ja, der Schweinehund kann ganz schön psychologisieren, wenn es darauf ankommt, ein Projekt zu Fall zu bringen. Seine Devise:

Merksatz Nr. 16

Lieber um sich selber kreisen, als einmal das Ziel erreichen.

Folgende Sätze verraten den Befindlichkeitsschweinehund:

- »Wir müssen erst klären, wie wir uns definieren wollen.«
- »Wir müssen erst klären, welche Machtstrukturen wir hier im Team dulden wollen.«
- »Wir wollen uns darauf einigen, auf welche philosophische Tradition wir uns berufen.«

- »Wir sollten erst herausfinden, warum Herr M. und Frau D. nicht miteinander klarkommen.«

Verstehen Sie uns nicht falsch: Häufig ist es sinnvoll oder sogar notwendig, Fragen dieser Art zu klären und so Ordnung auf der Beziehungsebene zu schaffen. Wenn Sie und Ihr Team aber nicht darüber hinaus kommen, werden Sie außer gut gemeinten Worten nichts zustande bringen.

Selbstblockade einzelner Mitarbeiter

Schweinehunde arbeiten auf allen Ebenen: Nicht nur bei der Blockade von Change-Management-Prozessen oder bei der Sabotage von Einzelprojekten, nein, sie verbeißen sich auch in die Hosenbeine einzelner Mitarbeiter. Zum Beispiel, wenn es um die Übernahme von Verantwortung geht.

Verantwortung? Nein, danke

Eine sehr intelligente und fähige Mitarbeiterin einer Werbeagentur wickelte ein Projekt nach dem anderen erfolgreich ab. Das blieb ihren Vorgesetzten natürlich nicht verborgen. Sie gaben ihr nach und nach größere Projekte und mehr Verantwortung. Das freute die Mitarbeiterin – sehr zum Erstaunen ihrer Chefs – überhaupt nicht. Sie empfand die wachsende Verantwortung als Bürde, an der sie schwer zu tragen hatte. Ihre Angst, Fehler zu machen, wuchs immer mehr, bis sie nachts nicht mehr richtig schlafen konnte. Sie versuchte, das Problem anzusprechen, fand aber kein Verständnis. Also kündigte sie ihren gut dotierten Posten und suchte sich einen neuen Job, in dem sie ein klar begrenztes Aufgabengebiet und weniger Verantwortung zu tragen hatte. Für die Agentur ein Verlust, war sie doch eine der wenigen, die in Fragen der Finanzierung kompetent war.

Auch wenn Ihnen die Reaktion dieser Mitarbeiterin töricht erscheint: Die Angst des Schweinehundes müssen Sie unbedingt ernst nehmen! Er lässt sich durch »rationale« Argumente nicht bändigen. Und vor allem: Er folgt nicht den Gesetzen Ihres eigenen Schweinehundes. Wenn Sie Ihre Mitarbeiter nicht verlieren wollen, bleibt Ihnen nichts anderes übrig, als die Ängste ihrer Schweinehunde eingehender kennen zu lernen und Arrangements zu finden, in denen sie ihre Sabotageakte einstellen. Angstsignale erkennen Sie, wenn Sie auf folgende Stichworte achten:

- »Das belastet mich zu sehr.«
- »Damit fühle ich mich überfordert.«
- »Diesen Ablauf verstehe ich nicht.«
- »Ich habe doch schon so viele Zuständigkeitsbereiche.«

Auch bei Fragen der Weiterbildung wüten spezifische Schweinehunde. Viele Mitarbeiter kommen von alleine einfach nicht auf die Idee, sich nach geeigneten Kursen umzusehen, um sich fachlich auf dem Laufenden zu halten. Ganz nach dem Motto: »Mein Chef wird mir schon sagen, wenn ich etwas dazulernen soll.« Umso besser, wenn er nichts sagt, dann steht auch keine Extra-Anstrengung auf dem Plan. Wenn die Qualifikation dann nicht mehr mit dem Anforderungsprofil zusammenpasst und der entsprechende Mitarbeiter durch einen fähigeren Kollegen ersetzt werden muss, ist das Geschrei groß. Es ist tückisch, wenn die Schweinehunde der Mitarbeiter sich auf die faule Haut legen und die Verantwortung für den eigenen Job abgeben.

Der Vergleich mit dem folgenden Beispiel mag Ihnen sehr hart erscheinen, aber er ist stimmig: Wenn in einem Krankenhaus die Ärzte streiken, sinkt die Sterblichkeitsrate. Warum? Die Patienten übernehmen sofort die Verantwortung für das eigene Leben. Sobald die Ärzte wieder zur Verfügung stehen, steigt die Mortalität wieder an. Die Patienten legen ihr Leben zurück in die Hände der Halbgötter in Weiß.[11]

Festhalten an veralteten Abläufen

Weniger existenziell, aber dennoch höchst kostspielig ist es, wenn Mitarbeiter nicht von alten, eingefahrenen Abläufen ablassen können. Auch, wenn sie genau wissen, dass ihre alte Methode längst auf den Schrotthaufen der Büroorganisation gehört.

> Eine Sekretärin war es seit Jahr und Tag gewohnt, die Anschrift des Adressaten sowohl auf den Briefkopf als auch auf den Adressaufkleber zu tippen. Mit einem Adressverwaltungsprogramm hätte sie jede Adresse nur einmal als Datensatz anlegen müssen, danach hätte sie die Zeilen problemlos überall einkopieren können: In zahllose Briefe und Umschläge, in Teilnehmerlisten etc. Das schien ihr aber zu kompliziert. Adressverwaltungsprogramme hielt sie für zu aufwändig in der Pflege, und überhaupt: Wenn sie einmal abstürzten, wäre doch alle Mühe umsonst gewesen. So verbrachte sie lieber wöchentlich mehrere Stunden damit, Adressen abzutippen.

Sicher kennen Sie Hunderte weiterer Beispiele für solches Verhalten. Der Gewohnheitsschweinehund ist eben hartnäckig. Der Satz: »Etwas Neues wäre doch viel zu kompliziert!« gehört zu seinen Lieblingsausreden.

Ambitioniert und auf dem Holzweg

Doch es gibt nicht nur den Anti-Weiterbildungsschweinehund, besonders tückisch ist sein Bruder, der Karriereschweinehund. Ihn bemerkt so schnell niemand, weil er sich einer hohen sozialen Anerkennung erfreut. »Gesunder Ehrgeiz«, heißt es da. Und: »Der Mann will was erreichen, der setzt sich durch!« Erfolg ist angesagt. Nicht selten jedoch überfordern sich Menschen in ihrem Streben nach oben. Eine »Karriere um jeden Preis« erzeugt meistens hohe Folgekosten.

> Ein talentierter Programmierer machte sich einen guten Namen in seinem IT-Unternehmen: Er war in der Lage, vollkommen unübersichtliche Systemarchitekturen, die sich die Kunden über Jahre zusammengebastelt hatten, in eine vernünftige und stabile Struktur zu bringen. Begeistert von seinem besten Programmierer bot der Geschäftsführer ihm den Aufstieg an. Als Abteilungsleiter durfte er nun sein eigenes Team führen. Dabei stellte sich heraus, dass seine spezifische Begabung eher das Tüfteln in komplexen Computerstrukturen war. Wenn es darum ging, Mitarbeitern Arbeitsaufträge zu geben, sie zu koordinieren und zu führen, war er nicht besonders gut. Die Beförderung geriet für alle zur Enttäuschung: Für den Chef, der sich mehr von seinem besten Mann erhofft hatte; für die Mitarbeiter, die oft nicht recht wussten, worin nun ihr konkreter Arbeitsauftrag bestand und besonders für den Programmierer selbst, weil ihm seine vorherige Aufgabe viel leichter von der Hand gegangen war.

Warum ist ein guter Programmierer keine gute Führungskraft in einem IT-Unternehmen? Er kann es nicht sein, weil die Anforderungen an beide Jobs völlig unterschiedlich sind. Und er muss es auch nicht sein. »Auch in der Musik bemisst sich der individuelle Fortschritt nicht daran, wann der Geiger endlich Dirigent wird«, spitzen es Marcus Buckingham und Curt Coffman in ihrem Buch *Erfolgreiche Führung gegen alle Regeln*[12] zu. Sicherlich haben Sie auch schon vom »Peter-Prinzip« gehört, das besagt, dass Mitarbeiter regelmäßig so lange weiter befördert werden, bis sie auf ihrer Position überfordert sind.

Dahinter steckt der Karriereschweinehund, der für sein Herrchen nie genug Erfolg, Geld, Prestigeobjekte bekommen kann, kurz: der Anerkennung sucht. Ist dieser innere Trieb so stark, dass er einen Mitarbeiter von seinen Begabungen weg auf den Holzweg führt, droht großer Schaden: Der Karrierekandidat verliert den Spaß an der Arbeit, er muss sich immer mehr mühen, um Erfolge einzufahren. Schlimmstenfalls baut er dabei psychisch und physisch ab – womöglich bis zum Burnout. Für das Unternehmen bedeutet das den Verlust eines leistungsfähigen und kompetenten Mitarbeiters, statt dessen möglicherweise gar irgendwann einen Dauer-Kranken, der nichts als Kosten produziert und einen Posten blockiert.

Nach dem Sieg der Schweinehunde

Wenn die Schweinehunde endgültig gewonnen haben, geht ihr Tarnkappenspiel weiter. Denn bevor irgendwelche Zweifel an der Frage aufkommen, woran die Umsetzung einer Strategie oder eines Projektes gescheitert ist, haben sie Sie und Ihr Team bereits mit einem schönen Sortiment an Sündenböcken ausgestattet.

Opferlieder

Wer gesteht sich schon gern sein Scheitern oder seine Schuld ein? Niemand. Die Verantwortung für einen Misserfolg soll, bitte schön, irgendwo außerhalb der eigenen Reihen liegen. Hier eine Auswahl der beliebtesten Sachzwänge und Sündenböcke, die nach dem Sieg des Schweinehundes herhalten müssen und zu deren Ehren regelmäßig hehre Opferlieder angestimmt werden.

Sachzwänge:

- Die Zeit: *»Der Termin war viel zu eng gesteckt!«*
- Das Geld: *»Das Budget war zu schmal.«*
- Die Struktur: *»In unserem Unternehmen braucht die Abstimmung eben ihre Zeit.«*
- Die Konjunktur: *»Zurzeit macht keiner gute Geschäfte.«*

- Die Politik: *»Wenn die politischen Rahmenbedingungen anders wären, liefe alles besser.«*
- Der Zeitgeist: *»Das wird heute eben so gemacht.«*
- Das Wetter: *»Bei dieser Hitze kann sich kein Mensch konzentrieren.«*
- Die Krankheit: *»Ich hatte Rückenschmerzen und konnte deshalb nicht richtig anpacken.«*
- Die Begabung: *«Zahlen sind einfach nicht mein Ding.«*

Sündenböcke:

- Die Politiker: *»Wenn die Politiker ihre Versprechen halten würden, dann wäre ja alles gut.«*
- Die Geschäftsführung: *»Wenn die da oben ihre Geschäfte verstünden, hätten wir mehr Erfolg.«*
- Der Vorgesetzte: *»Der hat ja seine Lieblinge, wir haben sowieso keine Chance.«*
- Die andere Abteilung: *»Die mögen uns nicht und sabotieren unsere Vorhaben.«*
- Die Kollegen: *»Herr M. will uns bloß eins auswischen.«*
- Die Familie: *»Wenn meine Mutter mich nicht so nerven würde, könnte ich mich besser einbringen.«*
- Die Technik: *»Kein Wunder, dass die Daten bei uns nicht ankommen, da gibt es technische Probleme.«*
- Die Post: *»Das konnte nicht rechtzeitig bei uns ankommen, die Post ist chronisch unzuverlässig.«*
- Die Bank: *»Da wurde sicher ein Überweisungsträger verschlampt.«*

Sie kennen sicher noch weitere Opferlieder, die nach einem Misserfolg angestimmt werden. Verfallen Sie ihnen nicht und bewahren Sie auch Ihre Mitarbeiter davor, sich von ihnen trösten zu lassen. Denn nur so können Sie erreichen, dass Ihre Leute die Verantwortung für das übernehmen, was sie tun, ihre Fehler einsehen und daraus lernen. Fehler passieren, das ist ganz normal. Wenn aber den Umständen dafür die

Schuld gegeben wird, passieren sie immer wieder. Das muss nicht sein. »Wir dürfen Fehler machen, aber wir dürfen sie nur einmal machen!« – wenn Sie Ihren Mitarbeitern das klarmachen, sparen Sie viel Zeit, Nerven und Geld.

Versagerlieder

Achten Sie aber darauf, dass Ihre Mitarbeiter das Rad nicht zu weit drehen und sich bei jedem geringsten Anlass in Sack und Asche kleiden und mit lauten Selbstanklagen durch die Flure laufen: »Ich habe wieder *alles* falsch gemacht.« – »Es ist wie *immer*, es gelingt mir sowieso *nichts*.« – »Ich kann *nie* etwas richtig machen.« Sie wissen sicher, wie entsetzlich diese Versagerlieder klingen. Das Tückische an diesem Gesang ist, dass er Reflexionsprozesse verhindert. Wer überzeugt ist, immer alles falsch zu machen, der braucht auch keine Gedanken über das Warum zu verschwenden: Es hat ja sowieso alles keinen Zweck. Und wenn er in Zukunft wieder alles falsch macht, dann braucht sich das Team nicht zu wundern – er hat es bei seiner jüngsten Katastrophe ja bereits angekündigt.

Im Überblick: Die Strategien der kleinen Saboteure

1. Taktiken

Der verhinderte Entschluss	
1. Unmöglichkeitstaktik	»Das kann kein Unternehmen schaffen.« »Das lässt der Markt nicht zu.« »Unsere Ressourcen reichen nicht aus.« »Das ist mit unseren Maschinen nicht möglich!« »Der Termin ist viel zu eng.« »Das genehmigt die Geschäftsführung nicht.«

2. Opferlammtaktik	»Wir opfern uns auf.« »Wir tun schließlich nur unsere Pflicht.« »Wir nehmen doch Rücksicht und handeln im Sinne der Moral.«
3. Unverbindlichkeitstaktik	»Wir *sollten/müssten* mehr Kunden akquirieren.« »Eigentlich *könnte man* die Marketingstrategie überarbeiten.« »Es wäre doch toll, wenn wir mehr Umsatz hätten.«
4. Verzögerungstaktik	»Wir müssen erst eine Studie in Auftrag geben.« »Das können wir im übernächsten Jahr überlegen.« »Wir starten, wenn die Konjunktur wieder anzieht.« »Das entscheiden wir im Sommer (Winter ...).« »Dazu müssen wir erst ein Seminar besuchen.« »Das müssen wir erst von oben absegnen lassen.«
5. Verharmlosungstaktik	»Es wird noch eine Weile gut gehen.« »Alles halb so wild.« »Bis zum Termin ist es ja noch lange hin.« »Wir hatten doch bisher immer Glück.«
6. Nicht-Zuständigkeitstaktik	»Das muss mein Vorgesetzter entscheiden.« »Das muss mein Mitarbeiter erledigen.«
Der vergessene Entschluss	
1. Schwammige Formulierung	»Wir wollen mehr auf die Kosten achten.« »Wir versuchen, das Projekt umzusetzen.« »Wir wollen regelmäßiger Meetings abhalten.«

2. Herkules-Taktik	»Wir verdoppeln unseren Profit.« »Wir machen nächstes Jahr alles anders.« »Wir werden nächstes Jahr Marktführer weltweit.«
Die sabotierte Umsetzung	
1. Ablenkungstaktik	»Wir sind noch nicht in der richtigen Stimmung.« »Ich muss erst noch telefonieren/Mails beantworten etc.«
2. Ausnahmetaktik	»Wenn wir das einmal ausfallen lassen, ist es doch nicht so schlimm.« »Dieser Anlass ist so wichtig, dass er jetzt vorgeht.« »Einmal ist keinmal.«
3. Abbruchstaktik	»Wir schaffen es sowieso nicht.« »Die ganze Anstrengung ist doch umsonst.«

2. Tummelplätze

Sabotage des Unternehmenswandels	
1. Wahrung von Besitzständen	»Das haben wir schon immer so gemacht.« »Das gehört aber nun wirklich in unser Ressort!«
2. Im Staub der Bürokratie	Formulardickicht starre Ablaufpläne
3. Der Datenberg ruft	Datensammlung ersetzt Entscheidungen
Verhinderung von Projekten	
1. Konkurrenz um Ressourcen und Themen	»Da könnte ja jeder kommen.«
2. Im Strudel der Befindlichkeiten	»Wir müssen erst klären, wie wir uns definieren wollen.«

Selbstblockade einzelner Mitarbeiter	
1. Verantwortung? Nein, danke!	»Das belastet mich zu sehr.« »Mein Chef wird mir schon sagen, wenn ich etwas dazulernen soll.« »Ich habe doch schon so viele Zuständigkeitsbereiche.«
2. Festhalten an veralteten Abläufen	»Etwas Neues wäre viel zu kompliziert.« »Es hat doch bisher immer gut funktioniert!«
3. Ambitioniert und auf dem Holzweg	Karriere um jeden Preis

3. Nach dem Sieg der Schweinehunde

1. Opferlieder	»Der Termin war viel zu eng gesteckt!« »Das Budget war zu schmal.« »Wenn die politischen Rahmenbedingungen anders wären, wäre alles besser gelaufen.« »Bei dieser Hitze kann sich kein Mensch konzentrieren.« »Die andere Abteilung hat unsere Vorhaben schon immer sabotiert.«
2. Versagerlieder	»Ich habe wieder alles falsch gemacht.« »Es ist wie immer, es gelingt mir sowieso nichts.« »Ich kann nie etwas richtig machen.«

Teil III
So managen Sie die kleinen Saboteure im Unternehmen

Einführung in die Schweinehund-Psychologie

Nachdem wir den inneren Schweinehunden in ihre Trickkisten gelugt haben, wollen wir nun sehen, wie wir aus den kleinen Saboteuren gute Unternehmensberater machen können. Sie werden staunen: Das funktioniert. Widmen wir uns aber zunächst noch einmal den Gegebenheiten des Unternehmensalltags zu und schauen wir, wie diese das Treiben der inneren Schweinehunde begünstigen.

Der individuelle Schweinehund Ihrer Mitarbeiter

Die arbeitsteiligen Prozesse des 19. Jahrhunderts haben die Mitarbeiter nicht nur eingeengt, sie brachten auch Vorteile mit sich: Alles, was getan werden musste, war durchgeplant und vorhersehbar. Was wie wo und wann stattzufinden hatte und wer dafür zuständig war, wurde ein für alle Mal geregelt und von allen so akzeptiert. Heute ergibt sich das, was der Einzelne zu erledigen hat, erst aus dem Kontext, etwa aus dem Prozessablauf oder aus den Wünschen des Kunden. Wo und mit welchem Team schließlich gearbeitet wird – häufig auf internationaler Ebene – wird ebenfalls situativ entschieden. Wer am liebsten in genau überschaubaren Zusammenhängen arbeitet und mit dem Begriff Flexibilität nichts als Angst und Stress verbindet, für den bringt diese »Entgrenzung der Arbeit« vor allem eines mit sich: einen ständig knurrenden inneren Schweinehund. Wer dagegen gerne als »Troubleshooter« im Einsatz ist und sich dann am wohlsten fühlt, wenn er jeden Tag Buschfeuer niederschlagen kann, die an unvorhersehbaren Orten auflodern, wird mit seinem Schweinehund weniger Sorgen haben. Aber auch für ihn gilt: Seine sozialen Ressourcen werden geschwächt, weil sich durch den Einsatz an wechselnden Orten und in wechselnden Teams stabile, vertrauensvolle und kooperative Beziehungen nur schwer ausbilden können. So bildet sich das beste Klima für schwelende Unsicherheit, für Misstrauen und Angst, kurz: für den inneren Schweinehund heraus. Und ein Riesenproblem für die Wirtschaft.

Aber das ist noch nicht alles: Ein weiterer Tummelplatz für Schweinehunde ist die Effektivität. Zwar arbeiten die Menschen heute nicht mehr als Appendix von Maschinen, sie werden aber oft so eng in Terminkorsetts geschnürt, zwischen organisatorischen »Schnittstellen« zerrieben und unter Konkurrenzdruck gepresst, dass von persönlichen Handlungsspielräumen nicht mehr viel übrig bleibt. Jeder gesunde Schweinehund reagiert unter solchen Bedingungen mit massiver Sabotage. Aber diese Einsicht hilft nicht weiter: Es können sich nur die Unternehmen erfolgreich am Markt behaupten, deren Mitarbeiter effektiv arbeiten, also in ihrer Arbeitszeit möglichst viel in Bewegung setzen, das sich für das Unternehmen positiv in der Bilanz niederschlägt.

In der kurzen Boomzeit der New Economy, als die Unternehmen händeringend nach IT-Spezialisten und jungen Consultants suchten, versuchten sie die Schweinehunde der Mitarbeiter zu beruhigen, indem sie ihnen vorgaukelten, es gehe im Grunde gar nicht um Arbeit. Spaß sei die Devise! Feste Arbeitszeiten gab es nicht mehr, man installierte Sonnenterassen, Fitnessstudios, Flipper und Kicker in den Betrieben und engagierte eigens Masseure, um die verhärteten Nackenpartien der Angestellten zu erweichen. »Wohlfühlen im Büro« wurde groß geschrieben, um die Schweinehunde im Zaum und die wertvollen Mitarbeiter an Bord zu halten.

Doch jetzt ist »Schluss mit lustig«. Arbeit wird nicht mehr als Event gesehen, sondern wieder als »einfach nur Arbeit«.[13] Von Disziplin ist wieder die Rede, von Pflicht. Der St. Gallener Wirtschaftsprofessor Fredmund Malik unterstreicht in seinem Klassiker *Führen – leisten – leben*: »Pflichterfüllung und Pflichtbewusstsein sind (...) unverzichtbar für die Führungskräfte einer Gesellschaft, und ebenso unverzichtbar ist der Mut, sie zu fordern, gerade dann, wenn es nicht populär ist.«[14] In der Management- und Motivationsliteratur komme der Begriff der Pflichterfüllung so gut wie überhaupt nicht mehr vor, klagt Malik, an seine Stelle seien Selbstverwirklichung, Lustprinzip und Wehleidigkeit getreten.

Wenn wir solches lesen, hören wir schon wieder unseren inneren Schweinehund knurren. Er schlägt sofort an, wenn er in die *Pflicht* genommen werden soll – vielleicht eine Reminiszenz unserer Kindheit, als wir gegen jede Pflicht, die uns von einer Autorität aufgebürdet wurde, innerlich oder ganz offen rebellierten. (Eine Ausnahme haben wir im Kapitel »Die beliebtesten Taktiken der Schweinehunde« kennen gelernt: wenn die »Pflicht« als Ausrede herhalten muss, eigene Entscheidungen zu treffen und umzusetzen.) Außerdem können wir sicher sein, dass jeder unserer Kollegen und Mitarbeiter, den wir als »wehleidig« beschimpfen, sich sofort – natürlich zusammen mit seinem Schweinehund – in den Schmollwinkel verziehen und seine Effektivität Richtung Nullpunkt absenken wird. Vielleicht kündigt er sogar – zuerst innerlich, dann per Einschreiben.

Denn Wissensarbeiter sind grundsätzlich mobil. Sie können ihr Unternehmen jederzeit verlassen und ihr Wissen woanders anbieten. Die Menschen wollen sich nicht mehr lebenslang an eine Organisation binden, sie weigerten sich, ihre eigenen Bestrebungen den Zielen und Werten der Organisation unterzuordnen, stellt Peter F. Drucker fest.[15] Eine solche Distanzierung sei unvermeidlich, da ein Wissensarbeiter seine ›Produktionsmittel‹ selbst besitze und damit die Freiheit habe, sich jener Organisation zuzuwenden, die ihm die besten Aussichten auf Effektivität, Leistungen und Karrierefortschritte gebe.

Frau K. arbeitete im Bereich Hochschulmarketing eines großen Konzerns. Sie hatte Pädagogik und Jura studiert, war ein Organisationstalent, sprühte vor Ideen, konzipierte auf Grundlage ihrer pädagogischen Kenntnisse Seminare und verhandelte mit ihrem juristischen Know-how mit Kooperationspartnern. Der Geschäftsleitung war wohl klar, dass Hochschulmarketing betrieben werden musste – schließlich taten das alle Mitbewerber auch, und man wollte, genau wie die Konkurrenz, junge Fach- und Führungskräfte auf sich aufmerksam machen. Trotzdem schien Frau K. nichts anderes zu verursachen als großen Wirbel und hohe Kosten – ihr unmittelbarer Nutzen ließ sich in Zahlen nicht ausdrücken. Und so gingen sowohl ihr direkter Vorgesetzter als auch die Geschäftsführung dazu über, ihre Ideen immer häufiger mit einem »abgelehnt!« zu stempeln. Stattdessen schickte man sie auf Reisen, von Messe zu Messe, wo sie ihr Unternehmen repräsentieren, aber nichts mehr in Bewegung setzen sollte. Nach kurzer Zeit verließ Frau K. das Unternehmen. Sie setzte ihre Karriere bei einem Mitbewerber fort, der ihr sehr viel mehr Spielraum ließ. Hier stellte sie binnen weniger Monate ein komplettes Nachwuchsförderprogramm auf die Beine, das jetzt international in allen Konzernteilen umgesetzt wird.

Die Studie *Attraktive Arbeitgeber in Deutschland* der Unternehmensberatung Hewitt Associates (Wiesbaden) zeigt, dass sich die Mehrzahl der Mitarbeiter »eher über ihre spezifische Tätigkeit« identifiziert als über das Unternehmen, in dem sie tätig sind. Der Arbeitgeber kann sich, so Hewitt, nur die Loyalität seiner Leute sichern »solange es (...) gelingt, entsprechende Rahmenbedingungen unter Würdigung individueller Handlungsfreiräume zu schaffen«[16] – was nichts anderes heißt, als sich optimal mit den Schweinehunden der Mitarbeiter zu arrangieren. Unternehmen, die das nicht tun, werden ihre besten Fach- und Führungskräfte schnell wieder verlieren, keine neuen finden und mit denen, die sie haben, nicht sehr produktiv sein: Hewitt stellte bei allen 17 Unternehmen, die es unter die Lupe nahm, eine starke Korrelation zwischen der Unternehmenskultur einerseits und dem wirtschaftlichen Erfolg andererseits fest. Ergebnis: Je »Schweinehund-verträglicher« die Unternehmen waren, desto besser schnitten sie ab. Erfolgreiche Unternehmen zeichneten sich nicht nur dadurch aus, dass sich ihre Angestellten stark mit ihrer eigenen Tätigkeit (weniger mit dem Unternehmen selbst) identifizierten, sie arbeiteten stark selbstverantwortlich (nicht unter Kontrolle), ihre Leistung wurde anhand ihrer Ergebnisse gemessen (und nicht danach, inwiefern sie sich an Prozesse hielten), sie entschieden pragmatisch, was wie und wann zu tun ist (und bekamen keine normativen Vorschriften), sie erfreuten sich großer Wertschätzung als Person (und nicht nur in ihrer Funktion) – kurz: Sie engagierten sich, und sie durften es auch.

»In der Wissensgesellschaft haben mehr Menschen als je zuvor Aussicht auf Erfolg. Damit wird sie jedoch zwangsläufig zu einer Gesellschaft, in der mehr Menschen als je zuvor scheitern können oder zumindest keinen Erfolg haben werden«, so Peter F. Drucker.[17] Und das ist die Rückseite der schönen neuen Freiheit der Wissensarbeiter: Unter dem Eindruck von Massenentlassungen wird die Angst vor dem Verlust des Arbeitsplatzes größer; in vielen Unternehmen ist deshalb die Stimmung auf dem Tiefpunkt. Die Angst geht um. Auf und unter jedem Schreibtisch wimmelt es von Schweinehunden, die ihren Herrchen unentwegt ins Ohr flüstern: »Lieber Dienst nach Vorschrift schieben oder, besser noch, gar nichts tun, dann passiert auch kein Fehler.« Oder: »Hauptsache, du fällst nicht auf, dann kannst du deinen Arbeitsbereich vor der nächsten Rationalisierungswelle bewahren.« Oder: »Besser, wir mobben die Kollegin raus, bevor wir selbst gehen müssen.«

Der kollektive Schweinehund Ihres Teams

Unter solchen Rahmenbedingungen gedeiht eher *furcht*bare Teamarbeit denn fruchtbare. Denn Schweinehunde sind sehr gesellige Tiere, die sich gerne mit ihren Artgenossen treffen – allerdings nicht unbedingt zur Arbeit, denn die gehört weniger zu ihren Leidenschaften. Doch wenn die kleinen Saboteure in gemütlicher Runde beieinander sitzen, dann können sie sich gegenseitig im Nichtstun bestärken, indem sie sich über ihr Repertoire an Tricks und Taktiken bei ihren Herrchen und Frauchen austauschen. Der gängigen Definition »Es handelt sich um ein Team, wenn zwei oder mehr Menschen im Unternehmen gemeinsam an einem Projekt arbeiten«, haben sie etwas anderes entgegenzusetzen, nämlich die von ihnen entwickelte Schweinehunde-Mathematik. Die landläufige Meinung, was ein Team ist oder bringt, drückt sich in der Gleichung 1 + 1 = 2 aus: Die Arbeit von zwei Menschen addiert sich zu einem Vielfachen dessen, was jeder Einzelne leisten kann.

Schweinehunde jedoch rechnen anders, nämlich 1 + 1 = -1: Eines von zwei Teammitgliedern hat bereits innerlich gekündigt, weil es mit dem anderen nicht klarkommt.

Eine harmlosere Variante ist 1 + 1 = 0. Das bedeutet, die beiden schaffen zwar nichts zusammen, aber wenigstens richten sie keinen Schaden an.

1 + 1 = 1 heißt: Leider führt die Teamarbeit nicht zu den gewünschten Synergien. Das Wort »Team« ist dann die Abkürzung für »*T*oll, *e*in *a*nderer *m*acht's«.

Für ein Team jedoch, dass wirklich produktiv zusammenarbeitet, gilt eine andere mathematische Gleichung. Dort wird es immer heißen: 1 + 1 > 2: Die Einzelergebnisse der Mitglieder sollten sich also nicht nur additiv ergänzen, sondern ein Mehrfaches der Additionssumme betragen. Wenn die berühmten »Synergien« wirksam werden, dann ist Teamarbeit wirklich effizient und produktiv.

Organisationsberater Klaus Doppler beschreibt Teams in *Unternehmenswandel gegen Widerstände* als lebende soziale Systeme.[18] Sie seien »ebenso schwierige wie sozial empfindliche Gebilde«, die nicht durch »schlichte Ansage« entstehen, sondern zunächst Unsicherheiten und Unterschiedlichkeiten bewältigen müssen, sich zusammenraufen – kurz: sich entwickeln müssen. Ein Prozess, der viel Zeit braucht, enorm anstrengend und nie wirklich abgeschlossen ist. Wer glaubt, dass sich durch die Einführung schlanker, intelligenter und flexibler Teams der Steuerungsaufwand minimiert, Kreativität und Leistung maximieren, und dann auch noch alle harmonisch zusammenarbeiten, der irrt. Diese Vorstellung sei »reine Fiktion, ein Mythos, eine Legende«, räumt Doppler auf.[19]

Wer sich aber die Zeit nimmt, ein Team zu formen, zu entwickeln und zu pflegen, kann eine enorme innere Dynamik freisetzen. Diese ist ausschlaggebend dafür, wie intelligent das Team ist, »also wie viel Komplexität es verarbeiten, wie sensibel es Impulse aus dem Umfeld beziehungsweise vom Kunden aufnehmen und wie variabel und flexibel es darauf reagieren kann.«[20]

Um dies besser zu verstehen, ist es hilfreich, sich eine Straßenkreuzung mit komplizierter Ampelsteuerung vorzustellen. Hier richtet sich jeder Fahrer strikt nach der Anweisung »von oben«, er wartet, bis er an der Reihe ist. Ein sich selbst organisierender Kreisverkehr dagegen funktioniert – ohne komplizierte Führung – sehr viel variabler, komplexer, und vor allem schneller.[21] Er braucht dazu allerdings einige Spielregeln, die alle akzeptieren und an die sich alle halten. Doch dazu kommen wir später.

Stärken nutzen, Schwächen ausgleichen

»Das Management ist eine soziale Funktion«, schreibt Drucker. »Und in seiner Praxis ist das Management tatsächlich eine ›freie Kunst‹.«[22] Betrachten wir ein A-cappella-Sextett: Einige Mitglieder haben von Natur aus eine hohe Stimme, anderen eine sehr tiefe. Der eine hat ein gutes Rhythmusgefühl und lässt sich durch nichts aus dem Takt bringen. Die Nächste kann sich problemlos Texte merken. Wieder eine andere kann spontan auf das Publikum reagieren und ist eine witzige Geschichtenerzählerin. Wie wird der Leiter dieses Sextetts wohl die Aufgaben verteilen? Ganz klar: Jeder wird so eingesetzt, dass er seine Stärken voll ausspielen kann und seine Schwächen durch andere ausgeglichen werden:

Der Rhythmusexperte wird jeweils einen Part singen, der das Tempo der Stücke bestimmt. Neben ihn wird ein Mitglied gestellt, dass eine brillante Stimme hat, aber das Tempo nicht halten kann. Die Person mit dem guten Textgedächtnis wird den textlastigsten Part singen, während eine andere, die überhaupt kein Gedächtnis für Texte besitzt, eher als Background-Stimme eingesetzt wird. Die hohen Stimmen werden als Soprane beziehungsweise Tenöre eingesetzt, die tiefen entsprechend als Alt und Bass. Und die Person mit komödiantischem Naturell wird die Moderation übernehmen. Das Sextett wird umso erfolgreicher sein, je mehr es gelingt, die Stärken der Mitglieder zu nutzen und ihre Schwächen auszugleichen.

In Ihrem Unternehmen ist es im Grunde genauso. Es gibt Mitarbeiter, die hervorragend Budgets planen können und wieder andere, die einen so widerspenstigen Zahlen-Schweinehund haben, dass sie bereits an ihrer Spesenabrechnung scheitern. Es gibt gute Teamplayer auf der einen und Eigenbrötler auf der anderen Seite, deren Schweinehund sich nur wohl fühlt, wenn er mit seinem Herrchen im stillen Kämmerlein tüfteln darf. Es gibt praxisnahe Umsetzer und Visionäre, deren Schweinehunde sie hartnäckig daran hindern, irgendeine Idee in der schnöden Realität umzusetzen. Jeder hat Stärken und Kompetenzen, die er zum Wohle des Unternehmens einbringen kann und will.

Wenn Sie versuchen, die Schweinehunde der Einzelnen zu bekämpfen, machen Sie nur alle Beteiligten unglücklich. Stellen Sie stattdessen den spezifischen Schweinehunden einfach einen *komplementären* Partner zur Verfügung: So müssen weder Sie noch die Schweinehunde sich ärgern, und Sie erzielen nebenbei auch noch bessere Ergebnisse!

Herr V. entwickelt am liebsten Visionen. Er ist ein offener, emotionaler Mensch mit einer schnelle Auffassungsgabe. Doch wenn er seine Visionen in die Tat umsetzen soll, steht er meist wie der Ochs vorm Berg. Herr U. dagegen ist ein bodenständiger Pragmatiker. Er besteht darauf, dass Herr V. ihm konkrete Fragen beantwortet: Wann startet das Projekt? In welche Abschnitte kann es zerlegt werden? Wer übernimmt welche Aufgabe? Wie viel Budget ist notwendig? Wenn Herr V. und Herr U. lange genug diskutiert haben, ist aus einer wolkigen Idee ein machbares Projekt geworden. Herr V. alleine hätte seine Vision nie »auf den Boden der Tatsachen« bekommen, während Herr U. viel zu schwer auf eben diesem Boden steht, als dass er so hochfliegende Pläne entwickeln könnte. Zu zweit aber sind sie einfach brillant.

Es kommt auf das richtige Casting an: Jeder Mitarbeiter sollte die Chance bekommen, genau die Rolle zu spielen, die ihm liegt. Marcus Buckingham und Curt Coffman haben das in ihrem Buch *Erfolgreiche Führung gegen alle Regeln* wie folgt auf den Punkt gebracht: »Während nach gängiger Auffassung individuelle Spezialisierung die Antithese von Teamarbeit ist, ist sie für gute Manager das Grundprinzip.«[23]

Ein Team braucht starke eigene Köpfe, es braucht individuelle Macken, es braucht Genies und Ausgleicher, es braucht Chaoten und Arbeitsbienen. Kurz: Es braucht innere Schweinehunde, aber eben viele unterschiedliche!

Von Herrchen und Hunden: Kleine Typologie der Schweinehunde

Einen inneren Schweinehund, so wie wir ihn verstehen, hat jeder Mensch, es handelt sich dabei nicht um eine pathologische Störung! Dies sollten Sie im Hinterkopf behalten, wenn wir uns nun einer kleinen Typologie der Schweinehunde im Unternehmensalltag widmen. Sie soll dazu dienen, Ihnen die unterschiedlichen Verhaltensweisen und Rollen Ihrer Mitarbeiter zu verdeutlichen, und ist deshalb sehr plakativ gehalten. Stören Sie sich nicht daran: Sie brauchen und sollen Ihre Mitarbeiter jetzt *nicht* in einen Schubladenschrank einsortieren. Vielleicht gibt es bei Ihnen ja auch noch Typen (samt Schweinehund) ganz anderen Kalibers, die wir hier gar nicht berücksichtigt haben? Wie auch immer – Manage frei für die elf typischsten Team-Schweinehunde:

Der Prinzipienreiter-Schweinehund

Hohe Qualitätsstandards legt der Prinzipienreiter-Schweinehund an die Arbeit der einzelnen Kollegen wie auch an die seines Herrchens an.

Dagegen ist im Prinzip nichts einzuwenden, wenn er dabei nur nicht der Auffassung wäre, dass die Qualität *der Arbeit seines Herrchens* diejenige aller anderen überrage und die Leistungen der Kollegen absolut inakzeptabel seien. Als Qualitätsmaßstab für solche Bewertungen dienen ihm eigenwillige, oft nur von ihm gesehene, äußerlich-formale Kriterien wie das Einhalten festgelegter Abläufe oder Vorschriften. Daher erscheint er den übrigen Teammitgliedern als Prinzipienreiter-Schweinehund.

Den Arbeitsauftrag seines Herrchens schränkt er häufig auf sein Lieblingsthema ein, das aber lediglich einen Teilbereich dessen Arbeitsumfeldes darstellt. Im Team wird der Prinzipienreiter-Schweinehund nicht müde, auf diesem Thema herumzureiten und dessen Vernachlässigung immer wieder zu geißeln. Da dies bei den übrigen Teammitgliedern häufig Unverständnis auslöst, gibt er seinem Besitzer das Gefühl des Märtyrers, der als Einziger »die Fahne« für dieses seiner Meinung nach wichtige Thema hochhält. Auf diese Weise grenzt er ihn aus dem Team aus. Der Schweinehund des Prinzipienreiters veranlasst seinen Besitzer dann, in die Opferrolle zu schlüpfen und manches Nebensächliche zu tragisch zu nehmen. Im Gegensatz zu anderen, die die Dinge eher verharmlosen (»So schlimm ist es ja nicht«) hat er das Talent, aus einer Mücke einen Elefanten zu machen, zum Beispiel, wenn formale Vorschriften nicht eingehalten werden. Dabei kann er sich als Erbsenzähler erweisen, der nicht in der Lage ist, über den Tellerrand hinauszuschauen.

Da der Schweinehund des Prinzipienreiters Kritik nur schwer vertragen kann, ist es kontraproduktiv, seine Prinzipien zu kritisieren. Binden Sie ihn stärker ins Team ein, indem Sie seinem Lieblingsthema wenigstens hin und wieder Aufmerksamkeit schenken, anstatt es in der Teamarbeit gänzlich zu ignorieren oder gar lächerlich zu machen. Bringen Sie den Prinzipienreiter-Schweinehund zum Nachdenken, indem Sie ihn Sinn und Nutzen seiner Prinzipien begründen lassen, ihm aber auch deren Grenzen an Einzelfällen konkret aufzeigen.

Der Teamvermeider-Schweinehund

Herr M. arbeitet in der Entwicklungsabteilung eines Automobilherstellers. Sein Spezialgebiet sind Motoren. Oft ist er sogar am Wochenende an seinem Arbeitsplatz anzutreffen, wo er ungestört allein an der Optimierung der Motoreneigenschaften arbeiten und verbesserte Einstellungen gleich in den Computer eingeben kann. Da er seine Kollegen nicht an solchen Verbesserungen beteiligt, sind diese oft verärgert. Mit den Worten »Ich kann das besser alleine« liefert er nur fertige Ergebnisse ab, mit denen die Kollegen oft nicht zurechtkommen, sodass sie Herrn K. vielfach fragen müssen. Aufgrund seiner besonderen Fähigkeiten fühlt sich Herr M. in seinem Arbeitsbereich überqualifiziert.

Teamvermeider wie Herr M. arbeiten am liebsten allein und haben oft auch Probleme, Aufgaben zu delegieren. Oft sind sie so von ihrer Arbeit besessen, dass sie der Außenwelt wie Workaholics erscheinen. Bei Teamsitzungen fehlen sie gerne aufgrund anderer »wichtigerer« beruflicher Verpflichtungen. Kommen Teamvermeider um ein Teammeeting nicht herum, dann sitzen sie oft nur mehr oder weniger teilnahmslos dabei. Ihre Beziehungen zu den Kollegen sind oberflächlich, selbst wenn sie freundlich sein mögen. Teamvermeider möchten am liebsten ohne lästige Kollegen Karriere machen. Sein innerer Schweinehund veranlasst den Teamvermeider zu einem extremen Sicherheitsdenken: Nur wenn er alles selbst macht, ist alles optimal und werden Fehler oder Ungenauigkeiten vermieden. Auch ein Freigeistdenken nach dem Motto »Was scheren mich die anderen?« treibt den Teamvermeider an.

Es ist verständlich, wenn Mitarbeiter wie Herr M. seine Kollegen und Vorgesetzten zur Weißglut treiben. Aber lassen Sie sich als Manager bitte nicht dazu hinreißen, einen solchen schwierigen »Eigenbrötler« hochkant hinauszuwerfen. Wenn Sie in ihm einen kompetenten Fachmann für ein spezielles Thema haben, dann sorgen Sie dafür, dass er sich Tag und Nacht genau damit befassen kann. Das Unternehmen bezahlt ihn nicht dafür, dass er ein angenehmer Mensch ist, sondern dafür, dass er seine Aufgaben exzellent erledigt!

Dennoch muss der Teamvermeider zu einem Mindestmaß von Kommunikation in der Lage sein, sonst lässt sich sein Talent nicht voll nutzen. Sein Schweinehund lässt eine Einbindung ins Team zu, wenn er um Rat gefragt wird, denn dann kann er mit seiner Kompetenz glänzen. Lassen Sie ihn außerdem eine Beschreibung seiner Tätigkeit (Stellenbeschreibung) anfertigen. Wenn er dabei die Verknüpfungen seines Arbeitsbereiches mit dem der übrigen Kollegen vergisst, erklären Sie ihm und seinem Schweinehund noch einmal mit Geduld, wie die Zahnräder im Team ineinander greifen.

Der Teamblockierer-Schweinehund

Der Teamblockierer ist jemand, der sein Arbeitsumfeld ausschließlich nach seinen eigenen Bedürfnissen strukturiert. Sein Schweinehund macht ihn blind für die Prozesse, die um ihn herum ablaufen. Deshalb fehlt ihm die Fähigkeit, sich selbst als Teil eines Systems zu sehen. Er hat Schwierigkeiten, sich mit anderen abzustimmen und kann sich schlecht in andere Menschen hineinversetzen. So schlittert er in unerwartete Konflikte herein, obwohl er niemandem schaden will.

Im Umgang mit dem Blockierer hilft nur Geduld. Drücken Sie Ihre Wertschätzung für seinen Arbeitseinsatz aus, aber zeigen Sie ihm auch auf, welche Folgen seine Alleingänge für das Team haben: »Es ist toll, dass Sie das Ablagesystem neu strukturieren wollen. Aber wenn Sie das im Alleingang machen, brauchen alle Kollegen sehr viel Zeit, um die Vorgänge zu finden.«

Sie können den Schweinehund des Teamblockierers zähmen, indem Sie seinem Herrchen klar eingegrenzte Arbeitsaufgaben geben. Vielleicht ist er ja besonders gut, wenn es um die Zusammenstellung von Zahlen und Fakten geht? Nutzen Sie die positive Seite des Schweinehundes, und er wird aufhören zu blockieren. Das war ohnehin nie sein Ziel, sondern nur seine ihm eigentümliche Struktur.

Der arbeitsscheue Schweinehund

Frau L. ist Sachbearbeiterin in einer Autohaftpflichtversicherung, wo sie gemeinsam mit mehreren Kolleginnen eingehende Schadensanträge bearbeitet. Während sich die Kolleginnen sehr um einen guten Kundenservice bemühen, ist das Frau L. mehr oder weniger gleichgültig. Überpünktlich lässt sie kurz vor Dienstschluss ihren Bleistift fallen und macht Feierabend. Die Kolleginnen hingegen arbeiten auch schon mal eine halbe Stunde länger, wenn es sich um einen schwierigen Fall handelt, ein Kunde auf einen eiligen Rückruf wartet oder noch ein Kfz-Gutachten eingeholt werden muss. Häufig müssen sie dann auch für Frau L. einspringen, die bereits nach Hause gegangen ist. Eine von der Versicherung durchgeführte Befragung hat ergeben, dass einige Kunden mit der Schadensabwicklung durch die Sachbearbeiterinnen nicht hundertprozentig zufrieden sind und daher einen Versicherungswechsel erwägen. Frau L. interessiert das nicht: »Ich tue hier meine Arbeit. Mehr kann man nicht von mir verlangen.«

Der arbeitsscheue Schweinehund setzt sich sehr stark für eine freizeitorientierte Schonhaltung seines Herrchens ein. Dieser engagiert sich deshalb im Unternehmen nur so weit, als es unbedingt erforderlich ist, um den Anschein von Engagement zu wahren. Sein Schweinehund ist ganz auf Bequemlichkeit ausgerichtet. Deshalb hat sein Herrchen an seiner Tätigkeit häufig keine Freude und sieht außer dem »nackten Geldverdienen« auch keinen Sinn darin. Dass Arbeit auch Spaß machen kann, erscheint ihm widersinnig. Teamarbeit ist ihm eher lästig, denn sie ist gleichbedeutend mit Abstimmung, Koordination und Verantwortung.

Es hilft nichts: Auch diesen Schweinehund müssen Sie akzeptieren. Man kann nicht verlangen, dass jeder das Thema »Arbeit« zur ersten Priorität seines Lebens erklärt. Wer das nicht tut, hat einfach kein Interesse an einer steilen Karriere. Ziehen Sie daraus die Konsequenz und parken Sie Ihren Mitarbeiter samt seinem Schweinehund auf einem Posten, der nur ein Mindestmaß an Anstrengung verlangt: Im Lager, an der Pforte, in der Poststelle etc. Und halten Sie alle Jobs, bei denen es auf hohes Engagement und Mitdenken ankommt, für andere frei. Zum Beispiel für diesen:

Der Lastenträger-Schweinehund

Genau das Gegenteil vom arbeitsscheuen Schweinehund ist der Lastenträger-Schweinehund: Er lässt sich im Team alle möglichen Aufgaben aufbürden, und das auch noch nach Feierabend. Für Arbeiten, die andere nicht gerne machen, springt er ohne zu zögern ein, weshalb er auch sehr beliebt im Team ist. Der Lastenträger ist das ideale Opfer für alle Kollegen, die sich das Arbeitsleben erleichtern wollen. Allerdings ist er mit seiner Rolle keineswegs glücklich oder zufrieden, denn sein innerer Schweinehund ist so sehr auf Anerkennung aus, dass sich sein Herrchen ständig überanstrengt. Er braucht das Gefühl, »gebraucht zu werden« wie andere die Luft zum Atmen.

Sagen Sie dem Lastenträger in Ihrem Team also nicht geradeheraus ins Gesicht, dass er kürzer treten soll. Sein Schweinehund wird sofort in Panik geraten, dass seine lebensnotwendigen Anerkennungsrationen ausbleiben könnten. Ohne sie würde das Selbstwertgefühl seines Herrchens sofort zusammenbrechen – denn was macht ihn sonst liebenswert, wenn nicht seine Arbeitsleistung?

Berücksichtigen Sie dieses Denkmuster des Lastenträger-Schweinehundes. Und bieten Sie ihm Ersatzfutter: Sagen und zeigen Sie ihm, dass die Wertschätzung seiner Kollegen nicht ausschließlich von seinem Arbeitseinsatz abhängt. Geben Sie ihm Extra-Anerkennung und unterstützen Sie ihn dabei, sein Selbstbewusstsein zu stärken.

Der Wichtigtuer-Schweinehund

Er gibt zu allen Dingen seinen »Senf« hinzu, auch wenn er gar nicht gefragt worden ist. Garantiert ist er bei jeder Teamsitzung anwesend und beteiligt sich rege an allen Diskussionen. Sein signifikantestes Erkennungszeichen ist das Handy, das er überallhin mitnimmt und das ständig klingelt. Im Gegensatz zu anderen Schweinehunden, die ihren Besitzern suggerieren, nicht zuständig zu sein, fühlt sich der Schweinehund des Wichtigtuers überall zuständig, selbst wenn sein Arbeitseifer längst nicht so ausgeprägt ist wie seine Neigung, Ratschläge zu erteilen.

Dabei ist der Schweinehund des Wichtigtuers im Grunde eher ein schüchternes Hündchen, das ständig Angst hat, nicht genug wahrgenommen zu werden. Über ein so großes Selbstbewusstsein, wie es scheint, verfügt sein Besitzer nämlich gar nicht – deshalb muss er sich ständig beweisen.

Nutzen Sie diese Marotte doch einfach: Fragen Sie den Wichtigtuer um Rat, sein Schweinehund wird sich sofort wohlig einrollen. Geben Sie ihm Repräsentationsaufgaben, die keiner gerne wahrnimmt. Lassen Sie ihn Präsentationen halten, schicken Sie ihn zu Preisverleihungen – natürlich so, dass er keinen Schaden anrichtet. Wenn er sich in Gebiete einmischt, die nicht zu seinem Arbeitsbereich gehören, setzen Sie ihm klare Grenzen und verweisen Sie auf die Kompetenzen der übrigen Fachkollegen. Und konfrontieren Sie ihn regelmäßig mit der Realität (»Ihre Jobbeschreibung«, »Ihr Zuständigkeitsbereich«, »Ihr Budget«), damit er nicht vollkommen abhebt.

Der Bedenkenträger-Schweinehund

Neue Ideen und Verfahren sind dem Schweinehund des Bedenkenträgers ein Graus. Er erweist sich damit als Kreativitätsbremse, die manchmal auch den Kollegen die Freude an der Arbeit nimmt. Sorgfältig passt der Bedenkenträger auf, dass keine »falschen« oder »übereilten« Entscheidungen getroffen werden. Damit wird er zum Feind alles Neuen.

Sein innerer Schweinehund ist auf Sicherheits- und Traditionsdenken getrimmt: »Bloß keine Experimente!« und »Das haben wir noch nie so gemacht!« sind Sätze, die aus seinem Munde kommen könnten.

Der Schweinehund des Bedenkenträgers lässt sich besänftigen, indem man einerseits seine Bedenken ausdrücklich zur Kenntnis nimmt, ihm aber andererseits geduldig die Chancen neuer Ansätze aufzeigt. Haben diese sogar Erfolg, wird er beim nächsten Mal schon etwas leiser knurren.

Der konfliktscheue Schweinehund

> Herr M. ist für die Aufteilung von vier neuen Büroräumen auf vier Teammitglieder zuständig. Unglücklicherweise haben zwei Räume keine Fenster, sodass sie sich nur mit künstlichem Licht erhellen lassen. Vor Durchführung der Raumverteilung versuchen alle Teammitglieder in Einzelgesprächen, Herrn M. davon zu überzeugen, dass sie für ihre Arbeit unbedingt ein Zimmer mit Tageslicht benötigen. Da Herr M. Schwierigkeiten gerne aus dem Weg geht, sagt er alle vieren ein Zimmer mit Fenster zu, was natürlich zu Konflikten führt, als die »Stunde der Wahrheit« schlägt. Die zwei Teammitarbeiter, die die Räume ohne Fenster erhalten haben, sind darüber so wütend, dass sie eine weitere Zusammenarbeit mit Herrn M. ablehnen.

Der Schweinehund des Herrn M. ist *konfliktscheu* und drückt sich um jede Konfrontation und jedes schwierige Gespräch herum, weil es ihm unangenehm ist, jemandem etwas abzuschlagen. Lebhafte Diskussionen hält er bereits für Streit. Harmonische Beziehungen zu den Kollegen sind ihm besonders wichtig, obwohl er gerade mit dieser Einstellung ungewollt Konflikte provoziert. Der konfliktscheue innere Schweinehund verleitet seinen Besitzer zu Verharmlosungen und zur Unverbindlichkeit. Kann er seine mehr oder weniger unverbindlichen Versprechen nicht einhalten, so spielt er dies herunter: Er habe es nicht so gemeint, und überhaupt, das Ganze sei ohnehin nicht so wichtig. Dabei ist sein Schweinehund gar nicht aggressiv, vielmehr oft verunsichert. Sein Herrchen versteht nicht, warum er ständig Ärger auf sich zieht, obwohl er es doch »gut gemeint« hat.

Was dieser konfliktscheue Schweinehund braucht, ist Ermutigung. Unterstützen Sie ihn dabei, Grenzen zu setzen, auch einmal »Nein!« zu sagen. Locken Sie ihn in die Gemeinschaft, denn bevorzugt in Zweiergesprächen lässt er sich zu Versprechungen hinreißen, die er hinterher nicht einhalten kann. Besprechen Sie wichtige Dinge in Gegenwart aller Teammitglieder, ohne ihn mit dem Rücken an die Wand zu drängen, aber gleichzeitig so, dass sein Schweinehund weiß: Wenn ich jetzt nicht »Nein« sage, muss ich zu meinem Versprechen stehen. Vielleicht betrauen Sie Ihren Mitarbeiter samt seines konfliktscheuen Schweinehundes auch mit einer Sonderaufgabe: Mit der Mediation bei Konflikten, die er nicht verursacht hat. Im Zuge einer Überkompensation seiner spezifischen Struktur ist es sogar möglich, dass er sich darin als besonders begabt erweist.

Der opportunistische Schweinehund

Ähnlich schwierig wie der konfliktscheue ist der opportunistische Schweinehund. Beide sind schwer auseinander zuhalten, weil auch der Opportunist gerne Konflikten aus dem Wege geht. Er hängt sein Fähnchen nach dem Wind und orientiert sich bei der Meinungsfindung gerne an der Meinung seines Vorgesetzten. Im Gegensatz zum Konfliktscheuen tut er dies aber mehr aus persönlichen Karrieremotiven als aus einem Harmoniebedürfnis heraus. Sein innerer Schweinehund treibt ihn zum Sicherheitsdenken aus Bequemlichkeit: Es ist einfacher und vorteilhafter, sich an die Meinung des Vorgesetzten anzuhängen, als selbst nachzudenken und mit einem eigenen Standpunkt womöglich etwas zu riskieren. Vielleicht leidet der Mitarbeiter aber auch unter einem inneren Schweinehund, der nach ständiger Anerkennung giert, weil er sich im tiefsten Herzen unsicher und wertlos fühlt. Anerkennung bekommt er, das weiß er durch Erfahrung, besonders schnell, wenn er sich besonders glatt anpasst.

Wenn Opportunisten in Ihrem Team arbeiten, dann versuchen Sie am besten, der Struktur ihrer Schweinehunde auf die Spur zu kommen. Ist ihr Motiv die Lust am steilen Aufstieg, dann animieren Sie diese Mitarbeiter am besten zu Höchstleistungen. Resultiert der Opportunismus aber aus einem schwachen Selbst, dann ermutigen Sie sie zu eigenständigem Denken und Handeln – bis hin zum Ungehorsam gegen Ihre Anweisungen.

Der Mitläufer-Schweinehund

Ähnlich wie Opportunisten verhalten sich auch Mitläufer, die nie eine eigene Meinung haben, weil ihr innerer Schweinehund sie zu einem ausgeprägten Vergleichsdenken veranlasst. Mitläufer-Schweinehunde nehmen ihr Herrchen an die Leine und rennen mit ihm mit der Masse; sie tun das, was alle tun. Im Gegensatz zu Opportunisten denken sie dabei jedoch weniger an ihre Karriere als an die vermeintliche Sicherheit, die ihnen die Mehrheit bietet.

Opportunisten und Mitläufer verweigern sich der Teamarbeit nicht, müssen aber um einer effizienten Zielerreichung des Teams willen aus ihrer Komfortzone herausgelockt werden. Wer nicht nur Jasager um sich haben will, sollte sie immer wieder ausdrücklich dazu auffordern, ihren Standpunkt darzulegen und zu begründen. Gegebenenfalls lässt sich dies in Zweiergesprächen eher bewerkstelligen. Denn wenn Opportunisten und Mitläufer die Meinung des Vorgesetzten oder der Mehrheit (noch) nicht kennen, lassen sie sich womöglich leichter zu einer eigenen Meinungsäußerung ermutigen.

Der intrigante Schweinehund

Eines der schwierigsten Teammitglieder ist ein Mitarbeiter mit einem intriganten Schweinehund. Mit unberechenbarer Boshaftigkeit wirft er anderen Steine in den Weg, wobei er vor übler Nachrede, falschen Anschuldigungen und Lügen nicht zurückschreckt. Er kann ein unerträgliches Mobbing-Klima im Team erzeugen, das jede Zusammenarbeit lähmt und zum Stillstand kommen lässt. Die Motive des intriganten Schweinehundes sind nicht immer klar: Manchmal ist es bloß der Neid auf die Position eines anderen, von der er genau weiß, dass er selbst sie aus Mangel an eigenen Fähigkeiten niemals erreichen kann; manchmal will er auch gezielt einen Konkurrenten unschädlich machen, um dessen Position einzunehmen. Der innere Schweinehund des Intriganten scheint ein wahres Monster zu sein – aber wer weiß schon, welche Weichen im Laufe seiner Biografie falsch gestanden haben, dass er derartig irregeleitet wurde? Auf jeden Fall ist Vorsicht angesagt. Denn wer einmal erfahren hat, dass er durch einen üblen Trick schneller vorankommt als auf dem geraden Wege, wird immer wieder versucht sein, sein Glück auf diese Weise zu versuchen.

Intriganten sind im Team nicht auf Anhieb zu erkennen. Häufig scheinen sie über Monate oder Jahre loyal mitzuarbeiten, sodass niemand merkt, woher der Wind der Schwierigkeiten weht. Falls Sie das Glück haben, einen Intriganten auf frischer Tat zu ertappen, dann konfrontieren Sie in aller Öffentlichkeit seine Aussagen mit denen anderer Teammitglieder, um das von ihm aufgebaute Lügengeflecht zu entwirren und den gemobbten Kollegen im Team voll zu rehabilitieren. Anschließend empfiehlt sich die unverzügliche Entfernung des Intriganten aus dem Team.

Trefflich lassen sie sich in Schubladen sperren, die vielen bösen Schweinehunde – oder in die Zeilen der gegenüberliegenden Tabelle! Im Geiste haben Sie dem einen oder anderen Ihrer Mitarbeitern jetzt vielleicht schon ein Etikett verpasst, auf dem es steht: MITLÄUFER. Oder: TEAMBLOCKIERER.

Aber Vorsicht! So sinnvoll es ist, sich der inneren Dynamik Ihres Teams aus dieser Perspektive zu nähern, so einseitig ist sie dennoch. Sie betrachtet die Menschen *nur* unter dem Aspekt ihres Schweinehundes.

Im Überblick: Die Schweinehunde im Team

Symptom	Schweinehund-Spruch	Rolle seines Herrchens
Ego-Trip	»Ich allein bin besser.«	Prinzipienreiter, Teamvermeider, Teamblockierer, Wichtigtuer, *aber auch:* einsames Genie
Opferrolle	»Ich kann nichts dafür.«	Prinzipienreiter, Teamblockierer, Lastenträger, *aber auch:* belastbarer Mitarbeiter
Sicherheitsdenken	»Lieber nichts « riskieren.	Opportunist, Mitläufer, Bedenkenträger, *aber auch:* wertvoller Pragmatiker
Bequemlichkeit	»Nur nicht zu viel tun/ wagen.«	Arbeitsscheuer, Opportunist, Mitläufer, *aber auch:* zuverlässiger Sachbearbeiter
Überzuständig sein	»Ich bin hier unentbehrlich.«	Wichtigtuer, Lastenträger, *aber auch*: belastbarer Mitarbeiter
Traditionsdenken	»Das haben wir immer so gemacht.«	Bedenkenträger, Prinzipienreiter, *aber auch*: ruhender Pol im Team
Unverbindlichkeit	»Nur nicht festlegen.«	Konfliktscheuer, *aber auch*: guter Mediator
Verharmlosung	»Alles halb so schlimm.«	Teamblockierer, Konfliktscheuer, *aber auch*: Ermutiger in festgefahrenen Situationen
Vergleichsdenken	»Erst mal sehen, was die anderen tun.«	Mitläufer, Opportunist, Intrigant, *aber auch*: ehrgeiziger Mitarbeiter
Tarnkappenspiel	»Die anderen sollen nicht merken, was ich tue.«	Intrigant, Konfliktscheuer, *aber auch*: guter Mitarbeiter in seinem Fachgebiet

Unter negativem Vorzeichen also. Das wird weder Ihren Mitarbeitern noch Ihrem Team gerecht.

Der innere Schweinehund – gleich, zu welcher Taktik er neigt und welche Art teamfeindlichen Verhaltens er bewirkt – hat einen sehr begrenzten Horizont. Er agiert wie ein kleines Baby, das sich selbst als Mittelpunkt der Welt erlebt. Die übrigen Teamkollegen sind für den Schweinehund nur Randfiguren in seinem eigenen Skript. Er ist in dem Irrtum befangen, dass er immer »richtig« und die anderen sehr häufig »falsch« liegen, wobei er »falsch« oft mit »anders« verwechselt. Und in dieser begrenzten Sichtweise liegen so gut wie alle Probleme der Teamarbeit verborgen.

Der enge Fokus der Ego-Brille bedingt auch, dass der Einzelne die übrigen Teammitglieder oft nicht so unterstützt, wie es möglich wäre, sondern mit Scheinargumenten bremst: »Solange xy mich nicht unterstützt/dies oder das für mich nicht tut, mache ich auch das nicht.« Auf diese Weise geschieht es, dass alle Teammitglieder oder Führungskraft und Mitarbeiter gegenseitig aufeinander warten, ohne dass etwas passiert. Immer wieder werden wertvolle Optionen, Möglichkeiten und Chancen verschenkt oder kreative Vorschläge und gegenseitige Unterstützung zurückgehalten, weil die einen zuerst möchten, dass die anderen sich ändern oder dass die Umstände sich zum Optimalen wandeln.

Darauf zu warten, dass andere sich ändern, ist zwecklos. Jeder Mensch kann nur sich selbst, aber nicht die anderen ändern. Anstatt sich über andere zu ärgern oder aufzuregen, beleidigt zu sein, ihnen aus dem Weg zu gehen oder sogar Rache zu üben, ist es für die Zusammenarbeit im Unternehmen viel produktiver, die Kollegen, Mitarbeiter und Vorgesetzten mit Gelassenheit zu betrachten und ihr Verhalten nicht zu bewerten. Wenn es Ihnen gelingt, Ihren Mitarbeitern diesen Zusammenhang zu erklären, dann haben Sie schon so gut wie gewonnen.

Und noch etwas: Der Schweinehund mit der Ego-Brille auf der Nase bringt sein Herrchen dazu, das Verhalten anderer immer auf die eigene Person zu beziehen und sich deshalb in Animositäten zu verfangen. Er glaubt, wenn ein anderer sich »unmöglich« oder nicht wie erwartet benimmt, dann tut er das absichtlich, um ihn zu kränken oder zu verletzen. Er verführt sein Herrchen, sich als Opfer der übrigen Teammitglieder zu sehen und dabei nicht zu bemerken, dass er ebenso sehr Täter ist. Das Hineinschlüpfen in die Opferrolle ist nur eine Ausrede dafür, nicht selbst die Verantwortung für eine Situation übernehmen zu wollen.

Für eine konstruktive und produktive Zusammenarbeit ist es unerlässlich, aus dieser begrenzten Ego-Perspektive auszusteigen! Andere verhalten sich so, weil sie sich eben so verhalten; mehr steckt meist nicht dahinter. Nur ganz selten wollen sie (wie der Intrigant) ihren Mitmenschen bewusst schaden oder sie verletzen. Menschen haben nun einmal sehr verschiedene Sichtweisen auf ihre Arbeit; was dem einen wichtig, was für ihn unerlässlich, ist dem anderen völlig gleichgültig, weil er andere Prioritäten hat. Erst die Vielfalt der unterschiedlichen Sichtweisen macht die Zusammenarbeit interessant und abwechslungsreich. Wie langweilig wäre der Arbeitsalltag, wenn alle dasselbe dächten und gleich reagierten!

Wen Sie sich also eine konstruktive Zusammenarbeit in Ihrem Unternehmen, in Ihrem Projektteam oder Ihrer Abteilung wünschen, dann sollten Sie Ihre Mitarbeiter ermutigen, die anderen uneingeschränkt zu unterstützen, und zwar unabhängig davon, wie sie sich verhalten. Wenn alle im Unternehmen so denken und als Nutzenstifter statt nur als Nutznießer wirken, können sie gemeinsam Berge versetzen.

Betrachten wir also die verschiedenen Rollen im Team jetzt aus einem Blickwinkel, der die Ressourcen und die Kompetenz der Menschen in den Vordergrund stellt.

Teamrollen: Von Helden, Müttern und Narren

Rollen kennen Sie aus Filmen oder aus dem Theater: Da gibt es den Helden, den Schurken, den Polizisten, den Advokaten, die Schöne, das

Biest, die Mutter, den Narren und, und, und – allesamt Rollen, ohne die keine gute Geschichte auskommt. Managementberater Klaus Doppler sieht in Rollen »Bündel von Erwartungen und Regeln, die das Verhalten einer Person bei einer Tätigkeit oder in einer sozialen Situation vorprägen, charakterisieren und typisieren.«[24] Wie im Theater werden auch im Bereich der Arbeit und des Managements Rollen gespielt, die aufeinander angewiesen sind.

Die Rolle des Narren spielt vielleicht der älteste Mitarbeiter der Abteilung, der schon drei Geschäftsführer »überlebt« hat und es sich aufgrund seiner Kompetenz und Persönlichkeit als Einziger erlauben darf, in Teamsitzungen den typischen Tonfall des Vorstandsvorsitzenden nachzuäffen. Die Mutter ist vielleicht eine empathische und fürsorgliche Person, das Herz der Abteilung, zu der man immer kommen kann, um Kummer und Sorgen zu besprechen. Die Rolle des Biestes spielt vielleicht eine junge Schöne, die erst seit kurzem in der Abteilung arbeitet und eifrig dabei ist, die Kollegen gegeneinander aufzuhetzen. Und als Polizist betätigt sich möglicherweise ein Mitarbeiter, der sich für die Kontrolle der Budgetpläne verantwortlich fühlt.

Das heißt natürlich nicht, das jede Abteilung so etwas wie ein Kasperletheater für Erwachsene wäre. Aber dennoch: Die individuelle Gestaltbarkeit der Rollen ist begrenzt durch bestimmte Kernerwartungen: »Es ist Herr P., der auf das Budget aufpasst!« – »Wenn bei Ihnen der Schuh drückt, wenden Sie sich an Frau M.!« Dadurch wissen wir, nach welchen Regeln gespielt wird und können uns orientieren. »Rollen können informell ›erwartet‹, unterschwellig erspürt und gestattet oder auch offiziell formalisiert, das heißt durch Titel oder Position zugewiesen, durch Vereinbarung geklärt und durch (Stellen-)Beschreibungen verfestigt sein«, erklärt Doppler.[25] Dass sie auch konsistent gespielt werden, dafür sorgt der Schweinehund: Der innere Schweinehund des »Polizisten« kontrolliert vielleicht leidenschaftlich gern oder liebt es einfach, die »Bösen« zu jagen. Der Schweinehund der »Mutter« dagegen treibt sein Frauchen immer wieder in die Rolle einer sich aufopfernden, mitfühlenden, mehr gebenden denn nehmenden Person.

Charles Margerison und Dick McCann haben acht Schlüsselrollen in Teams beschrieben und mit charakteristischen Handlungsmerkmalen verbunden:[26]

Innovator

- erfindungsreich, aber auch verspielt
- zukunftsorientiert, denkt weiter
- macht ungern Ähnliches noch einmal
- liebt komplexe Probleme, macht gelegentlich Einfaches etwas komplizierter
- liebt Forschungsarbeit

Entwickler

- analytisch objektiv
- entwickelt Ideen
- liebt Projektarbeit
- Experimentierer

Promoter

- überzeugender Verkäufer
- liebt vielseitige, interessante, anregende Arbeit
- schnell gelangweilt oder ungeduldig
- einflussreich, machtbewusst, geltungsbedürftig
- offen, direkt, bisweilen verletzend

Organisator

- nimmt in die Hand, organisiert
- schnell und ergebnisorientiert im Entscheiden
- arbeitet Systeme aus
- erzeugt Vereinbarungen und verpflichtet sich und andere

Umsetzer

- praktisch veranlagt, produktionsorientiert

- liebt das Konkrete, plant und hält sich daran
- sorgt dafür, dass die Dinge erledigt werden
- schützt Effizienz und achtet auf regelmäßigen Output

Überwacher
- liebt exakte Arbeit, kontrolliert gut
- prüft Normen und Verfahren
- geht ins Detail, bisweilen akribisch vom Hölzchen aufs Stöckchen
- nicht sehr kontaktfreudig

Stabilisator
- konservativ, nostalgisch
- loyal
- starker Sinn für Recht, Unrecht und Fairness
- schätzt und praktiziert Werte, Überzeugungen und Prinzipien wie Kameradschaft, Loyalität, Ehrlichkeit, Zuverlässigkeit

Berater
- toleriert Schwächen
- sammelt Informationen und erkennt Lücken schnell
- lässt sich nicht gern hetzen
- kenntnisreich, exponiert sich aber ungern selbst, sondern unterstützt, hilft anderen

Familiendynamik im Team

Oft geschieht es unabsichtlich, dass familiäre Strukturen auf Arbeitsteams übertragen werden, wenn zum Beispiel zwischen Teammitgliedern stellvertretend Vater-Sohn- oder Mutter-Tochter-Konflikte oder Geschwisterrivalitäten ausgetragen werden, aber auch, wenn sich Kollegen ineinander verlieben. Prinzipiell ist keine Abteilung, kein Team davor gefeit. Häufig, aber nicht immer, handelt es sich um unerledigte

Konflikte aus der Kindheit, die im Arbeitsalltag ihre Fortsetzung finden. Der innere Schweinehund, der zu einem Gutteil aus ungeklärten, verdrängten Persönlichkeitsanteilen besteht, rastet dann in manchen Situationen, die ans Elternhaus erinnern, in ein bestimmtes Verhaltensmuster wie in eine Schiene ein, was von Außenstehenden oft als irrational oder unangemessen empfunden wird.

In einem Familienbetrieb zog sich der Gründer aus dem Geschäftsalltag zurück und übergab den Betrieb seinen beiden Söhnen. Innerhalb weniger Monate stellte sich heraus, dass die beiden Söhne sehr unterschiedlich waren: Wenn der eine etwas initiierte, machte es der andere wieder rückgängig. Wenn der eine seine Mitarbeiter eher demokratisch führte, dann gab sich der andere eher autoritär. So gab es bald ein Chaos im Unternehmen, das die Mitarbeiter ebenso verwirrte wie spaltete. Manche fühlten sich eher zu dem einen, manche eher zu dem anderen neuen Chef hingezogen. Da beide meist entgegengesetzte Entscheidungen trafen, verstanden die Mitarbeiter die Richtung des Unternehmens nicht mehr, was die Firma in eine Schieflage brachte. Insgeheim versuchten beide Söhne, ihrem Vater zu beweisen, dass sie jeweils der bessere Chef waren und das Unternehmen zu mehr Erfolg führen könnten. Die Rivalität zwischen beiden um die Gunst des Vaters bestand nicht erst seit der Übernahme des Geschäfts, sondern schon seit ihrer Kindheit. Da beide ihr Verhaltensmuster nicht durchschauten, führten sie es im Betrieb weiter fort.

Es ist nicht leicht, einen solchen Teufelskreis aus eingefahrenen Verhaltensweisen zu durchbrechen. Das gilt für Ihre Mitarbeiter ebenso wie für Sie selbst. Aber lassen Sie auf keinen Fall zu, dass Ihr Team durch unbewusste Muster gesteuert wird. Wenn Sie gemeinsam herausfinden, welche Dynamik in Ihrem Team am Werke ist, können Sie wieder *autonom* handeln. Und zwar ganz im Sinne des griechischen *autos* (selbst) *nomos* (Gesetz): indem Ihr Team sich sein eigenes Gesetz gibt. In einer solchen Situation hilft nur die bewusste Wahrnehmung und anschließende Klärung der Gefühle, um den Automatismus zu durchbrechen. Die Beantwortung folgender Fragen kann dabei helfen:

- Welches Gefühl genau empfinden Sie in der Situation xy oder gegenüber der Person xy?
- Wo haben Sie dieses Gefühl schon einmal erlebt, woher ist es Ihnen vertraut?
- Wie genau reagieren Sie in solchen Situationen, wie sieht Ihr Verhaltensmuster und das der anderen Person aus?
- Wie könnten Sie die Person xy anders, dem Arbeitsumfeld angemessen, wahrnehmen?
- Welche alternativen Verhaltensweisen stehen Ihnen noch zur Verfügung, mit denen Sie die Situation besser bewältigen könnten?

Wenn es sich um Reminiszenzen alter Geschwisterkonflikte handelt, werden die auch die kindlichen Schweinehunde wach. Sie fragen:

- Komme ich hier etwa zu kurz?
- Werde ich genug wertgeschätzt?
- Bekomme ich auch genug Anerkennung?
- Bedroht mich eine Schwester oder ein Bruder in meiner Position?

Missverständnisse in interkulturellen Teams

Obwohl wir uns jetzt dem Vorwurf aussetzen, plakative Nationalcharaktere zu entwerfen, möchten wir an dieser Stelle einen Blick auf kulturelle Differenzen werfen. Denn häufig resultieren Konflikte zwischen Managern aus verschiedenen Kulturkreisen aus Missverständnissen zwischen ihren spezifischen Schweinehunden.

Barbara Weißbach, Geschäftsführerin des Institutes für sozialwissenschaftliche Technikforschung in Dortmund, hat eine Studie zu »Trends und Strategien der Personalentwicklung in Europa« durchgeführt.[27] Sie weist darauf hin, dass in verschiedenen Ländern unter anderem sehr verschiedene Auffassungen bezüglich des tolerierten Individualismus, der Machtdistanz, der Abschlussorientierung, der Pünktlichkeit und des Teamwork vorherrschen.

Großbritannien, die Niederlande, Italien, Belgien, die skandinavischen Länder und Frankreich gelten als sehr individualistische Länder. In einer globalen Untersuchung von Geert Hofstede stehen auch die USA, Australien und Kanada ganz oben auf der Liste der individualistischen Länder. Die zwischenmenschlichen Bindungen sind hier eher locker, den Einzelnen werden große Handlungsspielräume gewährt. In eher kollektiv orientierten Ländern steht dagegen die Abhängigkeit des Individuums von der Organisation im Vordergrund: In Europa gilt das zum Beispiel für Griechenland oder Portugal, in der weiteren Welt (laut Hofstede) für Guatemala, Ecuador, Taiwan,

Südkorea und Westafrika. Wenn sich der Schweinehund eines portugiesischen Chefs also von seinem »aufmüpfigen« und britischen Mitarbeiter auf den Schlips getreten fühlt, könnte so etwas wie ein kulturelles Missverständnis vorliegen.

In eher kollektivistisch geprägten Kulturen empfinden die Mitarbeiter tendenziell einen großen hierarchischen Abstand zwischen sich und ihrem Vorgesetzten. Auch Mitarbeiter in den individualistischen Ländern Frankreich, Belgien und Italien neigen zu großer Machtdistanz. Ihre Kollegen in Deutschland, Großbritannien und den Niederlanden dagegen fühlen sich ihrem Chef viel näher und haben keine Angst, ihm die eigene Meinung entgegenzuhalten. Auch hier sind Missverständnisse zwischen den Schweinehunden vorprogrammiert.

Ein weiterer Aspekt: Die verschiedenen europäischen Kulturen unterscheiden sich darin, wie schnell sie in Verhandlungen auf den Vertragsabschluss zusteuern. Missverständnisse können daraus resultieren, dass Menschen aus beziehungsorientierten Kulturen klare und direkte Verhandlungsformen als Affront, Arroganz oder Unhöflichkeit erleben, während wiederum Menschen aus abschlussorientierten Kulturen die Wichtigkeit des Beziehungsaufbaus, insbesondere den generösen Umgang mit der Zeit, oft als Verzögerungstaktik erleben.

Denn während Nordeuropäer Ereignisse als nacheinander stattfindende Einheiten erleben, empfinden die Mittelmeerländer ihre Zeit als polychron: Jeder lebt seine eigene Zeit – vor allem der Boss. Er kommt und geht, wann es ihm passt und er hat das Recht, den Ablauf eines Meetings nach seinem Gusto zu modifizieren. »Eine Unverschämtheit«, werden die Schweinehunde der deutschen Manager flüstern.

Doch in den romanischen Ländern, so Weißbach, stellt die Familie traditionell bis heute das Rollenmodell von Führung dar. Der Boss besetzt die Rolle des dominanten Vaters, die Mitglieder des oberen Managements stellen die Söhne dar. Die Bindung an ein Unternehmen entsteht in den südeuropäischen Ländern nicht primär durch materielle Anreize, sondern durch Achtung und Befriedigung von symbolischen Bedürfnissen. Das bedeutet vor allem: die Wahrung von Ehre

(»dignidad«). In Frankreich, vor allem aber in Italien erwarten Mitarbeiter und Manager geradezu, das ihr Boss eine »bella figura« macht und Meetings als Bühne nutzt, um sich in Szene zu setzen.

Dementsprechend reagieren die Schweinehunde der verschiedenen Kulturen auch ganz unterschiedlich auf flache Organisationsstrukturen und Lean Management: Bei west- und nordeuropäischen Mitarbeitern kommen sie gut an, ihre romanischen Kollegen fühlen sich eher verunsichert, wenn ihr Boss nicht getreu dem Bild des »dominanten Vaters« agiert.

Loten Sie den Eisberg aus

Den wenigsten Menschen fällt es leicht, im Unternehmen über Gefühle, Geschwisterkonstellationen oder kulturelle Eigenheiten zu sprechen. Machen Sie keinen Krampf daraus, und stellen Sie sicher, dass jeder Mitarbeiter sein Gesicht wahren kann. Sonst rebellieren die inneren Schweinehunde noch schlimmer als zuvor! Häufig bedarf es mehrerer Anläufe, um ein altes unproduktives Verhaltensmuster zu durchbrechen. Doch mit jedem Mal wächst die Chance, es besser zu machen! Voraussetzung ist die Bereitschaft, die Vernebelungstaktik des Schweinehundes aufzugeben und bewusst die Verantwortung zu übernehmen. Hilfreich ist dabei auch, zu seinen spontan aufkommenden negativen Gefühlen gegenüber anderen Menschen auf Distanz zu gehen in dem Wissen: Ich *habe* zwar diese Gefühle, aber ich *bin* sie nicht.

Diese innere Distanz erleichtert es, in Ruhe über das weitere eigene Verhalten nachzudenken, anstatt unüberlegt »wie auf Knopfdruck« zu reagieren.

Was passieren kann, wenn man nicht auf das achtet, was sich unter der Oberfläche abspielt, zeigt uns das Beispiel der Titanic. Auch ein Team kann sang- und klanglos untergehen, wenn Störungen und Konflikte, die sich unter der Oberfläche zusammenbrauen, nicht wahrgenommen und behoben werden. Nur die Spitze des Eisbergs ist sichtbar

– das ist die Sachebene. Hier geht es um Fakten, um Termine, um technische Probleme, um Inhalte. Nicht direkt sichtbar ist das, was sich unter der Oberfläche abspielt – auf der Beziehungsebene. Dort wüten ungeklärte Gefühle, Angst, Verunsicherung, Wut etc.

Häufig werden Spannungen auf der Beziehungsebene nicht geklärt, weil den Betroffenen gar nicht klar ist, wo die Ursache liegt. Sie fixieren sich auf die sichtbare Sachebene und versuchen, alle auftretenden Probleme dort zu klären – aber bitte schön sachlich! Immer an die Fakten halten! Derweil wüten die Schweinehunde unter der Oberfläche munter weiter, blockieren die Teammitglieder und legen die gesamte Arbeit lahm.

Ein Automobilhersteller hatte seine Produktionsweise auf Gruppenarbeit umgestellt. Dadurch wurde es erforderlich, so genannte Springer, also Mitarbeiter, die abwesende Kollegen kurzfristig vertreten, schnell in die bestehenden Gruppen zu integrieren und binnen kürzester Zeit in ihre Aufgabe einzuweisen. Dies stellte sich als extrem schwierig heraus: Die Springer verstanden einfach nicht, was genau sie tun sollten und woran sie erkennen konnten, ob sie ihre Aufgabe »richtig« ausgeführt hatten.

Mithilfe eines Beraterteams unter Ingrid Lisop und Richard Huisinga[28] und Workshops mit allen Beteiligten konnte herausgeschält werden, wo die Probleme lagen: Die Arbeiter, die selbst keine Berufsausbildung absolviert hatten, bewerteten ihr Erfahrungswissen extrem hoch. Sie bezweifelten sogar, dass es so etwas wie ein *exaktes und systematisches* Wissen über ihre Tätigkeit geben könnte. Und sie betrachteten ihre Materialien und Werkzeuge als etwas ganz spezielles, für das keine Verallgemeinerung gelten könne. »Auf diese Weise schaffte sich jeder seine unverwechselbare Spezialistentätigkeit«, folgern Lisop/Huisinga. Erfahrung brachte schließlich Prestige, außerdem korrespondierte es mit der Höhe der Entlohnung.

Übertragen auf unser Schweinehund-Bild bedeutet das: Der

kleine Saboteur der Arbeiter brachte diese dazu, alles zu verkomplizieren, um selbst als unerreichbare Experten dazustehen. Eine Berufsausbildung hätte zu einer Erweiterung der Perspektive auf die eigene Tätigkeit führen können, zu Regelwissen, Denken in Zusammenhängen und einem souveränen Umgang mit Begrifflichkeiten. Da diese aber nicht gegeben war, war es den Arbeitern selbst nicht bewusst, wie schwer sie es den Anzulernenden machten. Sie mussten lernen, die eigene Arbeit strukturierter wahrzunehmen und nicht von sich selbst, sondern vom Informationsbedarf des Springers aus zu denken. Das Beraterteam stellte sich nun die Aufgabe, den Anlernern zu vermitteln, dass ein Perspektivenwechsel notwendig sei. Damit riskierten sie sofort einen Aufstand der inneren Schweinehunde. Denn: Ein Perspektivenwechsel erzeugt Angst. Er ist nur möglich, wenn der Betroffene über ein stabiles Bewusstsein seiner selbst verfügt. Ist dies nicht gegeben, gerät die Identität ins Wanken. Aus diesem Grund gingen die Berater das Lernziel »Perspektivenwechsel« in ihrem Workshop eher indirekt an. Außerdem achteten sie darauf, dass die Einsicht in die Systematik des Arbeitsplatzes keine Verlustängste bezüglich des eigenen Erfahrungswissens hervorrief. Außerdem bezogen sie die Gesamtstimmung des Betriebes in ihre Arbeit ein, die zur gegebenen Zeit vor allem von Angst geprägt war: Die Umstellung auf Gruppenarbeit und die damit einhergehenden Änderungen der altbekannten Strukturen beschäftigte die Arbeiter sehr stark.

Die Berater hatten Erfolg: Weil sie die Ängste, die Sorge um Prestige (und Einkommen) und die spezifische Perspektive der Arbeiter berücksichtigten, konnten sie die rumorenden Schweinehunde beruhigen. Und mehr noch: Die Arbeiter erkannten, wie sehr es ihnen half, die enge Perspektive auf den eigenen Arbeitsbereich auszudehnen und Zusammenhänge in der Produktion selbst zu durchschauen. Laut Lisop/Huisinga brachte die »systematische Neu-Aneignung der eigenen Tätigkeit« außerdem einen

Kreativitätsschub: Die Workshop-Teilnehmer entwickelten eine große Zahl von Verbesserungsvorschlägen für die Produktion – ein Zugewinn, mit dem niemand gerechnet hatte.

Weil die Sache mit den Gefühlen so komplex ist, betrachten wir noch ein Beispiel:

Herr N. wurde als neuer Manager gerufen, um einen verschlafenen Geschäftsbereich auf Vordermann zu bringen. Er begann sogleich, mit dem berühmten eisernen Besen zu kehren: Er ordnete klar an, was zu geschehen hatte, und scharte zur Unterstützung ein paar Führungskräfte um sich, die zu ähnlich hartem Durchgreifen neigten wie er. Teammitarbeiter, die seinen Anordnungen nicht folgten oder begründete Einwände dagegen vorbrachten, wurden zurechtgewiesen. Es gelang Herrn N. jedoch nicht, die Mitarbeiter für die Ziele der Teamarbeit zu begeistern, nämlich dafür zu sorgen, dass der Geschäftsbereich effizienter arbeitete und höhere Umsätze erwirtschaftete. Nach zwei Jahren waren noch keine Fortschritte erkennbar, schlimmer noch: Die Leistungen der Einzelnen waren weiter zurückgefallen. Die Unternehmensleitung entschied sich daher, den unrentablen Geschäftsbereich gänzlich aufzulösen und die beschäftigten Mitarbeiter zu entlassen. Begründet wurde diese Maßnahme nach außen hin, wie so oft, mit »Kosteneinsparungen« und der »härter gewordenen Konkurrenz«.

Herr N. tat sein Bestes: Er konzentrierte sich nach Kräften auf die Sachziele der Teamarbeit. Dabei ließ er die Beziehungsebene völlig außer Acht. Was er nicht verstand, war, dass die Teammitglieder über Jahre des gemeinsamen Zusammenarbeitens einen bestimmten emotionalen Stil und emotionale Werte ausgebildet hatten, in die er hineintappte wie ein Elefant in einen Porzellanladen. So hatte es zum Beispiel vor der Zeit von Herrn N. zu den Gepflogenheiten gehört, dass Maßnahmen gemeinsam mit allen Teammitgliedern abgesprochen und nicht einfach »von oben« angeordnet wurden. Es bestand eine ausgeprägte Loyalität unter den Teammitgliedern, die immer stolz darauf gewesen waren, auch in schwierigen Zeiten zusammenzuhalten. Außerdem hatten sie einen Umgang mit Konflikten gefunden, der niemanden verletzte.

Das Sachziel höherer Umsätze war den Mitarbeitern mehr oder weniger auch schon vor Herrn N.s Eingreifen bekannt und bewusst, wurde aber nicht erreicht, weil es an einer anderen Stelle haperte: Die Teammitarbeiter hatten in ihrem Bemühen um Freundlichkeit und Konsens für einzelne Maßnahmen immer zu viel Zeit mit Diskussionen verbracht, bis sie zu Entscheidungen kamen. Häufig wurden dann auch noch die getroffenen Entscheidungen nach dem Auftauchen erster Schwierigkeiten wieder infrage gestellt und nach neuen Lösungsmöglichkeiten gesucht. So kam man an einigen strategisch wichtigen Punkten nicht vorwärts. Ein »strafferes Vorgehen« wäre also durchaus ratsam gewesen, allerdings in einem ganz anderen Bereich: Auf der Beziehungsebene hätte geklärt werden müssen, warum einzelne Teammitglieder immer wieder anfingen zu lavieren, anstatt die Ärmel hochzukrempeln und zur Tat zu schreiten. Gab es unausgesprochenes Machtgerangel? Gab es Unsicherheiten in Bezug auf die Kompetenzen des Einzelnen? Gärten unter der Oberfläche Rivalitäten und Eifersüchteleien, die aufgrund der allgemeinen Harmoniestimmung aber nicht wahrgenommen werden konnten beziehungsweise durften?

Folgende Fragen unterstützen Sie dabei, den unteren Teil des Eisbergs in Ihrem Team auszuloten:

- Was läuft hier wirklich ab?
- Was sind die eigentlichen Themen, die bisher nicht offen diskutiert wurden?
- Wie wirken sie sich auf das aktuelle Geschehen auf der Sachebene aus?

Klingt einfach, finden Sie? Den meisten Managern ist es extrem unangenehm, auf die Ebene der Gefühle hinabzusteigen. Am liebsten bewegen sie sich auf der Sachebene: Hier scheint alles so schön hell und klar und übersichtlich! Der Preis für die Verleugnung der anderen, der dunkleren Seite, ist hoch: Es kostet sehr viel Zeit, Geld und Nerven, ein Gewirr aus ungeklärten Gefühlen und ineinander verbissenen Schweinehunden wieder zu entwirren. Viel leichter ist es, die Beziehungsebene permanent im Blick zu behalten und mit ihr *und* der Sachebene parallel zu arbeiten.

Ihr Schweinehund knurrt sicherlich, während Sie das lesen. »Och, das klingt ja alles ganz schön, aber das machen wir lieber nicht«, flüstert er Ihnen leise ins Ohr. »Es ging ja bis jetzt auch ohne dies Gefühlsduselei. Und was da alles schief gehen kann: Frau M. fängt an zu weinen, Herr K. und Herr B., die sich sowieso nicht ausstehen können, werden sich an die Gurgel springen, und du wirst dich bis auf die Knochen blamieren!« In der Tat: Sie betreten unerforschtes Terrain. Das erzeugt erst mal Angst – diesmal vielleicht bei Ihnen selbst. Aber es lohnt sich: Wenn die Beziehungen im Team geklärt, die Schweinehunde entsprechend besänftigt und die Vertrauensbasis stabil ist, dann arbeiten Ihre Mitarbeiter einfach besser und haben auch noch mehr Spaß dabei. Außerdem könnten auf der Sachebene ausgetragene, erbitterte Streitigkeiten um Details plötzlich wie weggeblasen sein.

Auf der Sachebene werden verhandelt:

- Ziele,
- Projekte,
- Themen,
- Fakten,
- Vorgehensweisen.

Auf der Beziehungsebene geht es um:

- Machtverhältnisse,
- Privilegien,
- Ver-/Misstrauen,
- Anerkennung/Geringschätzung,

- Sympathie/Antipathie,
- Bindung/Abgrenzung,
- Erwartungen/Enttäuschungen,
- Integration/Ausgrenzung,
- Öffnung/Rückzug.

Der strukturelle Schweinehund Ihres Unternehmens

Schon die »normalen« Bedingungen der modernen Wirtschaft sind Schweinehund-freundlich. Um wie viel größer wird also das Problem, wenn in einem Unternehmen wirtschaftliche Probleme auftreten, die es in seiner Existenz bedrohen? Die erste Reaktion besteht oft darin, dass sich alle Beteiligten noch stärker an altbekannte Strukturen, Überzeugungen, Gewohnheiten und Methoden klammern. Die Bedrohung von außen bewirkt ein so starkes Misstrauen gegenüber allem, was neu und unbekannt ist, dass Lernprozesse nur noch mit großen Schwierigkeiten in Gang zu setzen sind. Barry Staw, Professor für Betriebswirtschaft an der Universität von Kalifornien hat diesen Effekt »Angststur-

heit« genannt.[29] Der finanzielle Kollaps der Atari Corporation kann auf diesen Mechanismus zurückgeführt werden:

> In den frühen 80er Jahren hatte Atari auf die sinkende Nachfrage seiner Produkte und die wachsende Konkurrenz reagiert, indem es seine Arbeit an Produktinnovationen einstellte und an der Entwicklung bereits veralteter Hard- und Software für Videospiele arbeitete. Obwohl das Unternehmen schon 1982 einen Prototyp für einen kostengünstigen Personal Computer entwickelt hatte, stoppte es das Projekt und überließ den Markt dem Konkurrenzunternehmen Apple, das 1982 den Macintosh auf den Markt brachte und damit einen großen Erfolg verbuchen konnte.

»Never change a winning team« heißt dieser Mechanismus, positiv gewendet. Der Fall Atari zeigt, wie sehr diese Haltung ins Auge gehen kann, wenn Angst im Spiel ist. Die alten, festgefahrenen Strukturen bieten eben keineswegs in jeder Situation Halt.

Umgekehrt ist die Einführung neuer Strukturen auch kein Garant für die reibungslose Umsetzung von Veränderungsprozessen. Besonders anfällig für die Schweinehund-Pest sind zwei Modelle, die zunächst einmal sehr fortschrittlich klingen: das Projekt und die Matrixorganisation.

Problemfall Projektgruppe

Das Tückische bei einer Projektgruppe ist ihre strategische Positionierung: Bestehen Projekte und die althergebrachte Linienorganisation nebeneinander, kommt es für die Projektmitarbeiter zwangsläufig zu Loyalitätskonflikten zwischen ihrem Projektleiter und ihrem Abteilungsleiter. Wenn die organisatorische Macht der Linie dominiert, verhalten sich die Teammitglieder schlimmstenfalls wie Abgesandte oder Lobbyisten ihres Stabschefs. Aufträge werden aus dem Projekt gezerrt und in die Abteilung hineingezogen, um alte Strukturen zu sichern. Dazu kommen Ressourcenkonflikte zwischen Projekten und Linien, was auch heißt: Streit um die wertvolle Zeit der Mitarbeiter. Diese sind es oft nicht gewohnt, direkt mit Kollegen aus anderen Abteilungen zu kommunizieren – ohne Umweg über ihren Vorgesetzten. Hier selbst initiativ zu werden, ist für viele zunächst mit Hemmungen und Ängsten verbunden. Ganz zu schweigen davon, wenn sie ihrem Vorgesetzten aus strategischen Gründen einmal nicht über bestimmte Details der Projektarbeit berichten. »Bypass-Projekte« nennt Doppler die neben der Linie aufgehängte Projektorganisation. Und er hat folgende Schweinehund-Reaktionen beobachtet:

- Neid und Konkurrenzgefühle:
  »Warum gerade die? Warum nicht wir?«
  »Eigentlich ist das unser Thema!«
  »Es sind unsere Ressourcen, die ›verbraten‹ werden!«

- Not-invented-here-Attitüden und Häme:
  »Das schaffen die nie! Geschieht ihnen gerade recht!«
  »In das Messer lassen wir sie einfach hineinlaufen!«

- Sabotage
  »Wir verzögern die Zuarbeit!«
  »Wir geben keine unserer Informationen raus!«
  »Unsere Kontakte stellen wir auf keinen Fall zur Verfügung!«

- Scherze und Klagen
  »Da haben Sie ja die geballte Kompetenz des Unternehmens im Projekt vereint – Glückwunsch!«
  »Wir schinden uns Tag für Tag fürs Unternehmen, und jetzt nehmen Sie uns die Aufgaben weg ...«

Was geschieht bei »Bypass-Projekten« dieser Art? Wenn sie auf solche Weise von der Linie sabotiert und hintertrieben werden, sind sie zum Scheitern verurteilt.

Fallstricke der Matrixorganisation

Die Matrixorganisation dient dazu, zwei verschiedene Unternehmensinteressen in einer Struktur abzubilden: zum Beispiel den vertikalen, nach Funktionen organisierten Einkauf einerseits (mit Einkaufsleiter, Facheinkäufern etc.) und den horizontalen, auf bestimmte Regionen ausgerichteten Vertrieb andererseits. Weil hier unmittelbar verschiedene Interessen aufeinander prallen, sind die Manager gezwungen, gemeinsam Kompromisse auszuhandeln – eine gute Idee, wenn sie zum schnellen Erreichen von Ergebnissen beiträgt. Doch selbst wenn die Machtverhältnisse innerhalb der Matrix ausbalanciert sind, lädt sie ständig zum Kräftemessen und zu Machtspielchen ein – und die Schweinehunde können sich so richtig austoben. Ist die Matrix unübersichtlich und die Problemlage komplex, dann gedeihen wiederum Vetternwirtschaft und Seilschaften – weil viele Mitarbeiter lieber ein Beziehungsgeflecht knüpfen, als mehrdimensionale Aushandlungsprozesse durchzustehen. Hand aufs Herz: Welcher innere Schweinehund könnte da widerstehen?

Der unbekannte Schweinehund Ihrer Kunden

Sie rauben einem die Zeit, blockieren das Telefon, sind schwer von Begriff und auch noch unfreundlich: Kunden! Viele Mitarbeiter empfinden sie als die Quelle allen Übels statt als Quelle allen Umsatzes. Insbesondere in Deutschland wird Dienstleistung immer noch mit untertäniger Dienerschaft, ja, mit »Schleimerei« assoziiert, während ein guter Service für US-amerikanische Mitarbeiter im Einzelhandel oder der Gastronomie Ehrensache ist.

Umdenken ist eben gar nicht so einfach. Das gilt auch für die Kunst der Kundenakquise. Gerade im Mittelstand ist die systematische Ansprache von Neukunden oft völlig unbekannt. Vor allem, wenn ein Geschäft seit Generationen besteht und in der Umgebung bekannt ist, reicht Mund-zu-Mund-Propaganda häufig aus. Das Telefon klingelt in regelmäßigen Abständen, Aufträge kommen herein und werden, so gut es eben geht, abgearbeitet. Wie viele Kunden eigentlich in der Kartei sind, ob es sich dabei um mehr Firmen- oder Privatkunden handelt, welche weiteren Dienstleistungen diese Kunden in Anspruch nehmen könnten, wie viele potenzielle Neukunden es in der Umgebung gibt – das ist den Unternehmern häufig gar nicht bekannt, und den Mitarbeitern ist es gleichgültig. Bloß nicht zu viel Stress und Hauptsache, der Lohn geht regelmäßig auf dem Konto ein.

Der Kunde, das unbekannte Wesen. Erinnern wir uns an den Heizungsbauer aus dem Unterkapitel »Nicht-Zuständigkeitstaktik«, der seine Auftraggeber fand, indem er mit dem Auto durch die Gegend fuhr und Baustellen suchte. Sowohl der Chef als auch seine Mitarbeiter gingen mit den Kunden um, als handele es sich um Ostereier, die man zufällig entdeckt. Dabei wäre es für beide Seiten viel einfacher und angenehmer gewesen, wenn sich der Heizungsbauer über die spezifische Schweinehund-Psychologie der Bauherren Gedanken gemacht hätte: Zu welchem Zeitpunkt steht die Bestellung von Heizungen an? Könnte es sein, dass die Schweinehunde der Bauherren es diesen schwer machen, sich für einen Anbieter zu entscheiden und die Auftragsvergabe endlich über die Bühne zu bringen? Wäre es dann nicht am besten, die Bauherren genau in dieser Phase des unsicheren Schwankens und Hinauszögerns anzusprechen, und ihnen eine umfassende Beratung angedeihen zu lassen? Könnte man sich dann nicht mit Fensterbauern und Türschreinern zusammenschließen, um einen Rundum-Service anzubieten – von der Heizung bis zur Kellertür?

Wer sich die Mühe macht, den Schweinehund seiner Kunden kennen zu lernen, kann dessen spezifische Bedürfnisstruktur einschätzen und ein Angebot zusammenstellen, das den Kunden aus der Sackgasse herausholt, in die ihn sein Schweinehund hinein sabotiert hat. Nur so funktioniert das, was Dienstleister heute unter dem Motto »Problemlösung« anbieten – ob Softwarespezialist, mobiler Krankenpflegedienst oder individuelles Karrierecoaching.

Das Beispiel des Heizungsbauers zeigt uns aber noch etwas: Es fehlte nicht nur eine klare Kundenorientierung und ein durchdachtes Akquise-Konzept, sondern auch ein konkretes Ziel. »Mehr Aufträge hereinholen« – diese Formulierung ruft sofort die Schweinehunde der Mitarbeiter auf den Plan. Sie bietet eine ideale Angriffsfläche für ihre Tricks und Tücken, von der Verzögerungstaktik (»mehr Aufträge können wir ja noch im vierten Quartal akquirieren«) über die Verharmlosung (»vielleicht kommen wir mit unserer alten Methode ja doch über die Runden«), das Nicht-Zuständig-Sein (»der Chef soll uns neue Kunden ranschaffen, schließlich ist es sein Laden, und er verdient das meiste Geld«) bis zum Sicherheitsdenken (»vielleicht blamieren wir uns ja mit der neuen Akquisemethode, also lassen wir lieber alles beim Alten«).

Vom kleinen Saboteur zum Unternehmensberater

Prinzipienreiter- und arbeitsscheuer Schweinehund, kollektiver und struktureller Schweinehund und zu guter Letzt auch noch die eventuellen Schweinehunde der Kunden – lässt sich diese Meute von Saboteuren und Blockierern tatsächlich bändigen, sodass Unternehmensziele zukünftig mit mehr Erfolg und weniger Anstrengung erreicht werden können?

Keine Sorge, das geht. Die zentrale, jedem erfolgreichen Schweinehund-Management zugrunde liegende Methode sowie den Weg dorthin möchten wir Ihnen in den folgenden Abschnitten vorstellen.

Die Lösung: Führen mit Zielen

Die einzige Methode, die strategischen Züge der Schweinehunde schachmatt zu setzen, ist das Führen mit Zielen, auch bekannt unter dem von Peter F. Drucker geprägten Begriff »Management by Objectives«- zu deutsch: Unternehmensführung per Zielvereinbarung.

Sie ist bis heute eine der wichtigsten Führungsmethoden – darüber besteht weitgehend Konsens –, wird aber selten konsequent umgesetzt. Der Grund: Das autoritäre »Management durch Beherrschung« soll nach der Idee Druckers abgelöst werden durch ein »Management durch Selbstkontrolle«. Danach sollen die Manager und Mitarbeiter eines Unternehmens ihre eigene Leistung an den Zielen messen, die ihnen vorgegeben wurden. *Was* sie tun, um ihre Ziele zu erreichen, unterliegt ausschließlich ihrer Entscheidung – *dass* sie diese Ziele erreichen, wird erwartet. Jeder wird für seine Ergebnisse zur Rechenschaft gezogen. Peter F. Drucker begründet seine Methode wie folgt: »Selbstkontrolle ist gleichbedeutend mit größerer Motivation, denn sie weckt das Bedürfnis, das Beste zu geben, anstatt sich lediglich zu behaupten.«[30]

Klingt überzeugend, zunächst. Aber, Sie ahnen es schon, es ruft natürlich wieder die Schweinehunde auf den Plan, und zwar auf allen Etagen. Die Schweinehunde der Führungskräfte warnen, dass die Mitarbeiter ihren Herrchen ganz gewiss auf der Nase herumtanzen werden, wenn sie nicht rigide geführt, kontrolliert und bei Missachtung ihrer Anordnungen bestraft werden. Und die Schweinehunde einiger Mitarbeiter fürchten sich vor der neuen Selbstverantwortung: »Was, ich soll mich selbst kontrollieren und für mein Tun und Lassen gerade stehen? Ich bin hier doch nicht der Boss! Das soll mal schön mein Chef machen, ich warte lieber auf seine Anweisungen.« Nein, »Management by Objectives« kommt bei vielen Schweinehunden der Mitarbeiter gar nicht gut an.

Andere wiederum sind glücklich über die neue Freiheit und lassen ihre Herrchen froh und effektiv arbeiten: »Endlich keine Anweisungen mehr von oben, die sich in der Praxis sowieso nicht umsetzen lassen. Endlich kann ich so arbeiten, wie es mir liegt und wie ich am besten und schnellsten ans Ziel komme.« Die Herrchen dieser Schweinehunde blühen unter »Management by Objectives« richtig auf. Allerdings nur, wenn das Unternehmen, für das sie tätig sind, eine gemeinsame »Marschrichtung« definiert hat. Fehlt diese, irren die Mitarbeiter ziellos herum und ihre Schweinehunde haben viel Raum für Sabotageakte und Schabernack. Denn ein Unternehmen kann nur funktionieren, wenn sich alle Angehörigen zu gemeinsamen Zielen und Werten bekennen – sonst ist es kein Unternehmen, sondern nur eine Gruppe von Menschen. Ein Unternehmen benötigt klare, einfache und verbindende Ziele; die konkrete Aufgabenstellung muss derart deutlich und erstrebenswert sein, dass sie allen Beteiligten eine klare Vision vermittelt.

Das anzustrebende Ziel leitet sich aus der Mission des Unternehmens her, die sich – und das ist ein Punkt, der immer wieder übersehen wird – auf die *Außenwelt* richtet: auf den Markt, auf die Kunden. *Sie geht nicht von internen Bedürfnissen aus*, etwa von der eigenen Organisation oder dem Geltungsbedürfnis einzelner Manager.[31] Ein Unternehmen sollte sich also nicht die Frage stellen, was es ist, sondern worin seine Aufgabe besteht. Bezogen auf die Mitarbeiter heißt das: Es geht nicht um die Frage »Wer bin ich?«, sondern um die Frage: »Was ist meine Aufgabe?« Gar nicht so einfach, ruft doch dieser Ansatz die Profilneurose- und die Prestige-Schweinehunde aus ihren Verstecken, die Vokabeln wie »Effizienz« oder »Service« in der Schweinehundeschule eifrig verlernt haben. Wörter wie »Aufstieg« oder »Ausstattung« haben sie dafür um so fester im aktiven Sprachschatz verankert. Erinnern wir uns an das folgende, schon nahezu klassische Beispiel:

> Drei Steinmetze arbeiten auf einer Baustelle. Ein Passant fragt sie danach, was sie tun. Der erste Steinmetz räumt mürrisch Steine zusammen und sagt: »Ich verdiene meinen Lebensunterhalt.« Der zweite Steinmetz klopft mit wichtiger Miene weiter auf seinen Stein, während er antwortet: »Ich liefere die beste Steinmetzarbeit weit und breit.« Der dritte Steinmetz aber schaut den Fragenden ruhig und mit glänzenden Augen an und sagt: »Ich baue eine Kathedrale.«[32]

Was glauben Sie, welcher Steinmetz seinen Schweinehund am besten gezähmt hat? Wer sich am wenigsten mit Unlust, Konkurrenzdenken und Zweifeln plagt? Sie wissen es: Natürlich derjenige, der sich an seiner Aufgabe orientiert. Der sich danach sehnt, sein Ziel zu erreichen: eine Kathedrale, groß und prächtig.

Wie kann ein solches Ziel, bezogen auf ein Unternehmen, aussehen? Gerade gemeinnützige Einrichtungen sind Meister darin, Ziele zu formulieren: Das Ziel der Heilsarmee zum Beispiel besteht darin, an den Rand gedrängte Personen wieder in die Gesellschaft zu integrieren, die Pfadfinderinnen unterstützen Mädchen bei ihrer Entwicklung zu selbstbewussten jungen Frauen und Naturschutz-Vereine setzen sich für den Schutz der Artenvielfalt ein. Das besondere an diesen Zielsetzungen ist, dass sie die Menschen mitreißen und zu einem ganz außerordentlichem Engagement bewegen – und das häufig sogar ehrenamtlich. Ihre Motivation resultiert aus ihrer Aufgabe und aus ihrem Erfolg, nicht aus ihrem Gehalt.

Das funktioniert nur, wenn alle Mitarbeiter die übergeordnete Zielsetzung verstanden haben und mittragen. Stellen Sie sich ein Orchester vor: Die einzelnen Musiker sind Experten ihres Instrumentes, der Dirigent hätte gar nicht die Kompetenz, seinem ersten Geiger genaue Anweisungen bezüglich des Fingersatzes zu geben. Wenn er das versuchte, würde er mit Sicherheit von seinem Meistergeiger ausgelacht – und das zu Recht. Die Aufgabe des Dirigenten besteht darin, seinen Musikern verständlich zu machen, wie er sich die Interpretation des Werkes vorstellt und sie von dieser Vision zu überzeugen. Denn seine Musiker sind nicht seine Befehlsempfänger, sondern seine Partner. Setzt er sich über sie – oder besser: über ihre Schweinehunde – hinweg, kann er sicher mit Sabotage rechnen!

Betrachten Sie Ihre Mitarbeiter ebenso, als Partner, als Menschen, die freiwillig Tag für Tag in Ihr Unternehmen kommen, um an der gemeinsamen Sache zu arbeiten. Das kostet viel Zeit, Nerven und Fingerspitzengefühl, aber der Einsatz zahlt sich aus. Denn um Ihr Projekt oder Ihr Unternehmen zum Erfolg zu führen, brauchen Sie die Kreativität und die Intelligenz Ihres gesamten Teams. Sie erinnern sich: 1 + 1 ist viel mehr als 2.

Wie Sie diese Stärken aus Ihrem Team herauskitzeln? Ein Schlüssel dazu ist die emotionale Intelligenz, kurz: EQ. Wir stellen Ihnen die Konzeption dieses Intelligenzquotienten im folgenden Kapitel vor.

Der Schlüssel: Emotionale Intelligenz

Nach Daniel Goleman gehören zur emotionalen Intelligenz eines Teams wie auch jeder einzelnen Person vier Faktoren: Selbstwahrnehmung, Selbstmanagement, soziales Bewusstsein (Empathie) und Beziehungsmanagement. Alle diese Bereiche können durch Sie als Führungskraft maßgeblich beeinflusst und geformt werden.

Selbstwahrnehmung ist das Verständnis für die eigenen Emotionen, ebenso für die eigenen Stärken und Schwächen, Werte und Motive. Menschen mit guter Selbstwahrnehmung können ihre Fehler eingestehen und ihre Schwächen mit Humor sehen. Mit anderen Worten: Der innere Schweinehund hat bei ihnen schlechte Karten, weil sie sich nicht in die Opferhaltung begeben. Sie wissen genau:

**Menschen haben einen inneren Schweinehund,
aber sie sind nicht mit ihm identisch.**

Darum nehmen sie es mit Gelassenheit hin, wenn der kleine Saboteur hin und wieder in Aktion tritt und sie bei ihren Schwächen packt. Denn in einem Team mit guter Selbstwahrnehmung, in dem jeder um die eigenen Schwächen und die der anderen weiß, zeigen alle Empathie und gegenseitiges Verständnis füreinander. Fehlverhalten wird dann nicht mit dem Entzug der kollegialen Unterstützung, mit Wutausbrüchen, Teamflucht oder Racheaktionen »bestraft«. Wenn Sie ein Team führen, haben Sie die Möglichkeit, die Selbstwahrnehmung des Teams zu schärfen, indem Sie die Aufmerksamkeit auf die bei der Arbeit aufkommenden Gefühle lenken und das gegenseitige Verständnis dafür fördern.

Selbstmanagement ist die Fokussierung auf die zu erreichenden Ziele, aber unter Einbeziehung des emotionalen Anteils. Wir können uns selbst nur dann managen, wenn wir uns über unsere Gefühle im Klaren sind. Andernfalls werden wir von unseren Gefühlen kontrolliert statt sie zu kontrollieren. Niemand, der mit seiner Arbeit Erfolg haben will, kann es sich erlauben, von seinem inneren Schweinehund und negativen Emotionen wie Frust, Ärger, Wut, Angst oder Panik kontrolliert zu werden. Selbstmanagement ist nach Goleman der Bestandteil emotionaler Intelligenz, der uns davor bewahrt, unseren Emotionen völlig ausgeliefert zu sein. Verantwortliches Selbstmanagement ermöglicht uns die geistige Klarheit und konzentrierte Energie, die Führung unbedingt erfordert. Sie können das Selbstmanagement Ihres Teams unterstützen, indem Sie gemeinsam mit Ihren Mitarbeitern Regeln für die Zusammenarbeit aufstellen.

> In einem Team wird folgende Regel vereinbart: Wenn jemand eine kreative Idee vorträgt, muss der Nächste, der das Wort ergreift, die Rolle des »Engeladvokaten« (statt des verbreiteteren Advocatus Diaboli) übernehmen und diese Idee unterstützen. Das beugt dem häufig anzutreffenden Ersticken von kreativen Ideen mit Killerphrasen wie »Das haben wir noch nie so gemacht!« aus dem Blickwinkel des Traditionsschweinehundes vor. Dem Neuen, Innovativen wird erst einmal Raum gegeben, indem es vor Kritik geschützt wird. Außerdem wird als Regel vereinbart, effektiv zu kommunizieren, also entweder zur laufenden Diskussion beizutragen oder klar zu signalisieren, dass das Thema gewechselt werden sollte, und zu fragen, ob alle damit einverstanden sind.

Solche Regeln klingen keineswegs ungewöhnlich oder außergewöhnlich, sondern eher selbstverständlich. Der Sinn besteht darin, die Regeln offen und bewusst miteinander zu vereinbaren und sie durch häufige Anwendung zu bestärken. Es ist Aufgabe des Teamleiters, solche Regeln als Normen der Kommunikation vorzuschlagen und bei Zustimmung der Teammitglieder deren Einhaltung zu überwachen beziehungsweise immer wieder in Erinnerung zu rufen. Sind die Regeln als Normen etabliert, so werden sie nach und nach zu Werten und selbst dann eingehalten, wenn der Teamleiter nicht anwesend ist.

Soziales Bewusstsein/Empathie ist die Fähigkeit, anhand des Ausdrucks und der Stimme eines Menschen dessen Emotionen zu erfassen. Normalerweise tun wir das intuitiv, doch wenn wir nicht darauf konzentriert sind, Emotionen wahrzunehmen oder es nicht gelernt haben, übergehen wir die Gefühle des anderen und reagieren womöglich unangemessen. Wenn eine echte Verbindung zwischen zwei Menschen besteht, ist Empathie vorhanden, und es entsteht eine stillschweigende Harmonie oder Resonanz, in der jeder die Gefühle des anderen wahrnimmt. Auf der Teamebene bedeutet Empathie, die Bedürfnisse der anderen herauszufinden und sie zu erfüllen, und zwar so, dass alle Beteiligten davon profitieren.

> Der Erfolg eines Produktionsteams hing wesentlich davon ab, dass das Wartungsteam seinen Maschinen Priorität einräumte. Dies war jedoch schwierig, da das Wartungsteam viele Aufgaben zu erfüllen hatte und überlastet war. Daher schlug das Produktionsteam das Wartungsteam für die Auszeichnung zum »Team des Quartals« vor und unterstützte den Vorschlag durch entsprechende Briefe an die zuständigen Preisverleiher. Als das Wartungsteam schließlich den Preis erhielt, führte dies zu einer sehr guten Beziehung zwischen beiden Teams. Das Produktionsteam profitierte von der zügigen Wartung seiner Maschinen und erlangte den Ruf, Spitzenprodukte im Unternehmen zu entwickeln.

Wenn es Ihnen als Führungskraft gelingt, soziales Bewusstsein im Team zu fördern, erzeugen Sie die nötige Resonanz für eine fruchtbare Zusammenarbeit. Dazu ist es auch notwendig, Ihrem Team Ziele und Visionen so zu übermitteln, dass Sie nicht überreden, sondern überzeugen, bewegen und begeistern. Dies gelingt, wenn Sie Ihre Gefühle mit Überzeugung ausdrücken und dabei ehrlich und authentisch sind. Geraten Sie ruhig ins Schwitzen und Stammeln, wenn Sie von Ihrer eigenen Idee überwältigt sind!

Die folgende Liste gibt einen Überblick über positive und negative verbale und nonverbale Signale und die Gefühle, die sie ausdrücken.

Einiges wird Ihnen vermutlich nicht neu sein. Aber machen Sie sich ruhig noch einmal klar, woran Sie positive Signale und negative Signale Ihrer Mitarbeiter erkennen können. Damit fällt es Ihnen leichter, schnell und angemessen darauf reagieren zu können.

Positive Signale		Negative Signale	
Non-verbal	**Verbal**	**Non-verbal**	**Verbal**
Nicken	Bestätigen	Mit dem Kopf schütteln	Schimpfen, Ablehnung
Lächeln	Sich entschuldigen	Abweisende Haltung	Destruktive Kritik
Zuneigen	Loben	Etwas ignorieren	Drohen
Berühren	Anerkennen	Erhobener Zeigefinger	Warnen, Drohen
Auf die Schulter klopfen	Aufmunterung	Musternde Blicke	Unzufriedenheit
Offene Körperhaltung	Zustimmung	Geschlossene Körperhaltung (Arme und Beine verschränkt)	Meckern, Ablehnen
Blickkontakt	Interesse	Fehlender Augenkontakt	Desinteresse, Ignoranz

Beziehungsmanagement bedeutet, mit den Gefühlen anderer richtig umzugehen und auch negative Gefühle so zu kanalisieren, dass die Atmosphäre nicht vergiftet wird, sondern etwas Positives dabei herauskommt. Dies setzt voraus, dass Sie als Führungskraft sich Ihrer eigenen Emotionen bewusst werden und authentisch, also im Einklang mit Ihren wahren Gefühlen, handeln. Für ein effektives Beziehungsmanagement genügt es nicht, freundlich zu sein, sondern Freundlichkeit richtig einzusetzen.

Zum Beziehungsmanagement gehört es, negative Emotionen zuzulassen, anstatt sie, wie es häufig geschieht, herunterzuspielen oder zu ignorieren. Daher kann es sinnvoll sein, für Teambesprechungen eine »Meckerecke«, für das Unternehmen ein regelmäßiges Mitarbeiterforum einzurichten, damit ehrlich ausgesprochen werden kann, was nicht funktioniert und wo die Zusammenarbeit nicht klappt. Es ist besser, diesen Dingen offiziell im Beisein aller Raum zu geben, als sie im informellen »Flurfunk« im Unternehmen die Form von Gerüchten über Unerledigtes und Pannen annehmen zu lassen. Zudem bietet sich die Möglichkeit, das bloße Meckern in eine positive Lösung umzuwandeln, wenn das Problem in Gegenwart aller Beteiligten besprochen wird. Möglich ist es auch, eine solche »Meckerecke« in Form einer Pinnwand einzurichten, auf der sich die Mitarbeiter spontan Luft verschaffen können, anstatt bis zur nächsten Sitzung warten zu müssen. Aber die Pinnwand allein nützt nichts, wenn die dort angehefteten Probleme nicht gemeinsam besprochen und gelöst werden.

Da Sie als Führungskraft auch das Bindeglied zwischen Ihren Vorgesetzten und Ihren Mitarbeitern sind, müssen Sie auch die Beziehungen zu den anderen Abteilungen oder Teams im Hause managen. Selbst wenn Sie zum Beispiel nicht mit Entscheidungen der Geschäftsleitung einverstanden sind – lassen Sie sich nie dazu hinreißen, gegenüber Ihrem Team Bemerkungen fallen zu lassen wie: »Die Schwachköpfe da oben haben beschlossen ...«. Dies macht Sie zwar kurzfristig zum »Kumpel« Ihres Teams, Sie werden als Führungskraft aber unglaubwürdig (Sie verlassen Ihre »Rolle«) und bringen Ihr Team in eine Konfrontationsstellung zum gesamten Unternehmen, was sich letztlich kontraproduktiv auf die Ergebnisse auswirkt.

Emotionale Führung umfasst also die vier Faktoren

- Selbstwahrnehmung,
- Selbstmanagement,
- soziales Bewusstsein/Empathie,
- Beziehungsmanagement.

Der Weg: Die Kunst der Kommunikation

Die Art der Kommunikation, die heute in Unternehmen vorherrscht, wirkt vielfach entfremdend und geht an den emotionalen Bedürfnissen der Mitarbeiter wie auch der Führungskräfte vorbei. Das zentrale Problem ist, wie wir gesehen haben, dass die Kommunikation zu sehr auf die Sachebene beschränkt wird, ohne dass die emotionale Ebene dabei gesehen wird. Die Motivation zur Handlung ergibt sich aber erst aus einer gezielten emotionalen Ansprache auf der Beziehungsebene, wie wir zum Beispiel aus der Werbesprache ganz genau wissen: Werbung bliebe völlig wirkungslos, wenn sie sich nur auf die sachlichen Argumente eines Produktes beschränken würde; erst durch die Einbeziehung der Emotionalität wird die Begeisterung geweckt, die den Kaufimpuls auslöst. Genauso verhält es sich auch im Unternehmen: Erst wenn die Schweinehunde, die sich auf der emotionalen Ebene tummeln, überzeugt sind, lässt sich etwas bewegen.

Offen kommunizieren

Wir haben in unserer Kultur eine Reihe von Sprachmustern entwickelt, die dazu tendieren, unsere Emotionen zu verdecken. Dies führt dazu, dass wir diese Emotionen auch nicht mehr wahrnehmen und demzufolge nicht ausdrücken können, sodass es zu Abbuchungen auf dem »Beziehungskonto« kommt. Der Begriff des »Beziehungskontos« stammt von Stephen R. Covey: Es wird automatisch in dem Moment eröffnet, wenn eine Beziehung beginnt, zum Beispiel zwischen Führungskraft und Mitarbeiter, aber ebenso zwischen Kollegen. Genauso wie auf einem Gehalts- oder Unternehmenskonto gibt es auch auf jedem Beziehungskonto Einzahlungen und Abhebungen.

Sie kennen solche unpersönlichen Sprachmuster aus Ihrem Arbeitsalltag:

Die Verwendung des Wörtchens »man« Etwa so: »*Man* kann das doch so nicht durchgehen lassen!« Solche Ausdrücke suggerieren, dass nicht »ich« es bin, der eine Situation in einer bestimmten Weise sieht, sondern ein anonymer anderer.

Aussagen, in denen nur Handlungen anderer vorkommen Wir neigen dazu, unsere Gefühle als Resultat der Handlungsweisen eines anderen wahrzunehmen, anstatt als das Ergebnis unserer Entscheidung, wie wir das, was andere sagen oder tun, aufnehmen *wollen*. Deshalb formulieren wir gerne zum Beispiel so: »Weil *Sie* so gehandelt haben, ging bei mir wieder alles schief, und jetzt bin ich sauer.« So werden die eigenen Gefühle von dem Handeln eines anderen abhängig gemacht, und der innere Schweinehund lacht sich ins Fäustchen. Wieder ist ein anderer Schuld, wieder kann er sich gemütlich zurück lehnen.

Der erste Schritt auf dem Weg zu einer offenen Kommunikation besteht darin, dass wir – dem Schweinehund, der sich in unseren Kommunikationsgewohnheiten verbissen hat, zum Trotz – die Verantwortung für unsere eigenen Emotionen wieder übernehmen. Letztendlich resultieren Gefühle ja aus unseren jeweiligen Bedürfnissen und Erwartungen in einer Situation. Wenn Sie das Ihren Mitarbeitern klarmachen können, dann wird es leichter, Auslöser und Ursache für eine Emotion sauber voneinander zu unterscheiden: Das Verhalten eines anderen ist der *Auslöser* für das eigene Gefühl, die *Ursache* jedoch ist etwas, das in uns selbst liegt, nämlich unsere eigenen Bedürfnisse, die durch das Verhalten des anderen berührt werden.

Eine offene, förderliche Kommunikation im Unternehmen

- die dem Zuhören und Mitteilen mindestens den gleichen Stellenwert einräumt wie dem Reden,
- die sich durch Verständlichkeit auszeichnet,

- die Informationen und Kritik nicht zurückhält und
- die in einem angstfreien Klima stattfindet, ohne unkontrollierte Gefühlsreaktionen des Gegenübers befürchten zu müssen,

vollzieht sich in vier Schritten (nach Marshall Rosenberg).

1. Trennung von Beobachtung und Bewertung Wenn uns das gelingt, haben wir schon einen Gutteil vom Schweinehunde-Verhalten abgelegt.

Ein sabotierender innerer Schweinehund bewertet den anderen, indem er ...	Ein besänftigter innerer Schweinehund beobachtet und lässt die Eigenarten des anderen zu, indem er ...
... analysiert: »Wenn Sie so und so handeln, können Sie sich auf folgende Konsequenzen gefasst machen: ...«	... zuschaut, was der andere tut.
... kritisiert: »Das haben Sie falsch gemacht.«	... genauer hinsieht, was der andere tut.
... mit Strafen oder Sanktionen droht: »Wenn Sie nicht das und das tun, dann ...«	... den anderen fragt, warum er das tut, was er tut, um die Hintergründe zu verstehen.
... an Probleme denkt.	... an Chancen denkt.
... zu einem abschließenden Urteil kommt.	... zu einer vorläufigen Feststellung kommt.

Die Trennung von Beobachtung und Bewertung beugt Vorurteilen über andere ebenso vor wie emotional unangemessene Äußerungen von Kritik. Sie setzt auch voraus, dass wir als gute Zuhörer Unrat im Gespräch vorbeischwimmen lassen, also Dinge überhören, wenn sie das gute Gesprächsklima zerstören würden.

2. Wahrnehmung von Gefühlen in Verbindung mit dem, was wir beobachten Wir geben keine Bewertung über den anderen ab, sondern kommen in Kontakt mit unseren eigenen Gefühlen. Damit entscheiden wir uns dafür, die lebendige Energie in uns wirken zu lassen, anstatt es bei einer verkopften Analyse der Situation oder des Gegenübers bewenden zu lassen.

Wenn wir unsere eigenen Gefühle wahrgenommen haben, können wir auch die Gefühle des anderen wahrnehmen. Wir bemerken vielleicht seine Unsicherheit oder Unzufriedenheit über eine bestimmte Situation, anstatt ihn gleich als »unfähig« abzustempeln. Dies ist eine Art von empathischer Anteilnahme, die nur dann eintritt, wenn wir uns von vorgefassten Meinungen über andere freigemacht haben. Auch die Neigung, Ratschläge zu geben, zu belehren, Erklärungen abzugeben oder zu bemitleiden, steht dieser Empathie im Weg. Sie entsteht nur, wenn wir das Beobachtete in Verbindung mit unseren Gefühlen bringen, anstatt es gleich wieder mit verschiedenen Reaktionen zuzuschütten.

3. Sowohl die eigenen Bedürfnisse als auch die des Gegenübers erkennen Bedürfnisse, insbesondere im beruflichen Bereich, können zum Beispiel folgende sein:

- Verbindung mit anderen (= Beziehung): Nähe, Rücksichtnahme, Aufrichtigkeit, Anerkennung, Bestätigung,
- Autonomie: eigenständiges Handeln, eigene Werte ausdrücken können,
- Integrität: Authentizität, Kreativität ausdrücken können.

4. Ausdruck einer Bitte anstatt einer Forderung Bitten sind so formuliert, dass der andere die Möglichkeit hat, sie zu erfüllen oder nicht. Sofern bei ihm nicht ein dringenderes Bedürfnis vorliegt, wird er der Bitte nachkommen. Bitten sollten als positive Handlungsaufforderung formuliert sein. Wenn beispielsweise eine Führungskraft sagt: »Ich möchte, dass Sie mir in meiner Gegenwart offen Feedback geben«, so hat diese Aussage keinen handlungsauffordernden Charakter. Sagt sie jedoch: »Ich hätte gerne, dass Sie mir *sagen*, was ich *tun* kann, um die Dinge zu verbessern«, so enthält diese Aussage einerseits eine Bitte und andererseits zwei klare Handlungsaufforderungen. Ein anderes (negatives) Beispiel:

Herr C.: »Bitte erledigen Sie diese Arbeit bis übermorgen.« (*Forderung*)
Frau D.: »Ich habe keine Zeit.«
Herr C.: »Wenn Sie sich besser ins Team einbringen würden, dann hätten Sie die Zeit.« *(Vorwurf, Verurteilung)*
Ende der Kommunikation

Besser würde der Dialog so verlaufen:

Herr C.: »Ich hätte gerne, dass Sie diese Arbeit für mich bis übermorgen erledigen.« *(Bitte)*
Frau D.: »Ich habe keine Zeit.«
Herr C.: »Fühlen Sie sich unter Druck gesetzt? Brauchen Sie mehr Zeit dafür?« *(reagiert mit Empathie und fragt nach Gefühl und Bedürfnis des Gegenübers)*
Frau D.: »Ich habe noch zwei andere wichtige Dinge zuvor zu erledigen.«
Herr C.: »Diese Arbeit ist wirklich sehr wichtig für mich. Können Sie mir sagen, was ich tun kann, damit es für Sie möglich ist, die Arbeit bis übermorgen zu erledigen?« *(fragt erneut in Form einer Handlungsaufforderung nach dem Bedürfnis des Gegenübers)*
Frau D.: »Wenn ich für die zwei anderen Dinge mehr Zeit bekomme, kann ich die Arbeit bis übermorgen erledigen.«

In der offenen Kommunikation brauchen Emotionen und Bedürfnisse nicht länger »unter den Tisch gekehrt« zu werden, sondern dürfen und sollen offen ausgedrückt werden.

Dies gilt auch in kritischen Situationen, die sich zuerst einmal wie ein aggressiver Vorwurf anhören. Auch in solchen Situationen geht es darum, sich nicht angegriffen zu fühlen und nicht seinem beleidigten Schweinehund das Regiment zu überlassen, sondern mit Empathie zu reagieren, das Gefühl des anderen zu erfassen und sein Bedürfnis, wenn möglich, zu erfüllen.

Herr E.: »Ich muss morgen schon wieder für zwei Wochen auf Geschäftsreise!«
Wenn sein Chef Herr F. dies als Vorwurf hören würde, dann klänge es für ihn entweder nach: »Herr E. will mehr Geld« oder nach: »Sie überfordern mich mit den dauernden Reisen«. Stattdessen reagiert Herr F. im Sinne der offenen Kommunikation und versucht, das *Gefühl* des anderen und sein Bedürfnis zu erfassen:
»Diese Reisen sind wohl sehr anstrengend für Sie?«
Herr E.: »Ja.«
Herr F.: »Sollten die Reisen kürzer sein?«*(Bedürfnis des anderen erfragen)*
Herr E.: »Vor allem brauche ich mehr Vorbereitungszeit dafür.«
Nun ist das Bedürfnis klar, lässt aber mehrere Interpretationsmöglichkeiten zu, zum Beispiel, dass Herr E. weniger Reisen unternehmen oder neben dem Reisen weniger andere Aufgaben bearbeiten möchte.
Herr F.: »Können Sie mir sagen, was ich tun kann, um Ihnen die Reisen zu erleichtern?«*(Bitte mit Handlungsaufforderung)*
Herr E.: »Wenn die Reisen terminlich zu kurzfristig geplant werden, schaffe ich es kaum.«
Herr F.: » Sie brauchen also längere Vorlaufzeiten für die Reiseplanung? Wie lange sollte eine Reise im Voraus angekündigt sein?«
Herr E.: »Einen Monat vorher sollte reichen.«

Wenn man den Bedürfnissen des anderen nachkommt, entsteht ein Gleichgewicht zwischen Geben und Nehmen, das zu einer Einzahlung auf das Beziehungskonto führt, Missverständnissen und vernichtender Kritik vorbeugt sowie ein positives Verhältnis zwischen Führungskraft und Mitarbeiter begründet.

Die 4 Schritte der offenen Kommunikation	
1. Schritt	Trennen von Beobachtung und Bewertung: das Beobachtete in Worten wiedergeben und nach dem Warum fragen
2. Schritt	Wahrnehmen von Gefühlen: Was empfinde ich, was empfindet der andere in der betreffenden Situation?
3. Schritt	Erkennen von Bedürfnissen, indem man danach fragt
4. Schritt	Bitten in Verbindung mit einer Handlungsaufforderung aussprechen, um das Bedürfnis zu erfüllen

Verstehen Sie uns bitte nicht falsch: Es geht nicht darum, dass Sie sich jetzt ein völlig neues Verhaltensrepertoire aneignen und sich Ihren Mitarbeitern gegenüber wie ein Schauspieler verhalten, nur um irgendwelche Schweinehunde zu besänftigen. Wenn Sie schauspielern, wirken Sie unglaubwürdig. Und wenn Sie die Probleme Ihres Teams beziehungsweise Ihres Unternehmens nicht im Kern lösen, hilft auch die beste offene Kommunikation nichts. Ein Team wird sich niemals für ein Produkt engagieren, das am Markt keine Chance hat – Kommunikationskünste hin oder her. Aber wenn Ihre Strategie gut ist und Sie aus tiefstem Herzen von Ihrer Sache überzeugt sind, dann reißen Sie Ihr Team mit – selbst wenn Sie dabei die ein oder andere Regel der Kommunikationskunst außer Acht lassen.

Auch das sollten Sie beherzigen: Sie müssen nicht immer und um jeden Preis in die Tiefen der Beziehungsgeflechte hinabsteigen und Schweinehunde zähmen. Sie müssen nicht alles psychologisch erklären und in Gesprächsrunden breittreten. Sie können das Schweinehundspiel durchaus auch eine Weile mitspielen – ein kleiner Feldzug hier, ein bisschen piesacken dort – natürlich nur, solange Ihr Team dabei nicht Schaden nimmt. Es kommt lediglich darauf an, dass Sie in den Momenten einhaken, in denen eine Klärung der emotionalen Zusammenhänge sinnvoll und notwendig ist. Die Kunst des Führens besteht darin, diese Momente zu erkennen.

Die Kunst der Konzentration

Erfolgreiche Kommunikation hängt noch von einer weiteren, ganz wesentlichen Kunst ab, die wir Ihnen nicht vorenthalten wollen: Es geht um Ihr Talent, sich ganz auf Ihr Gegenüber konzentrieren zu können.

»Helmut Kohl war in der Lage, innerhalb von wenigen Sekunden ganz intensive Beziehungen zu seinen Gesprächspartnern herzustellen. Und das war wohl eine der wesentlichen Komponenten seines persönlichen Erfolges«, vermutet Sprachforscher Dr. Thomas Spranz-Fogasy. Er begleitet Führungskräfte aus Politik, Wissenschaft und Verwaltung in ihrem Berufsalltag und hört ihnen zu. »Kommunikatives Handeln gesellschaftlicher Führungskräfte« heißt das Forschungsprojekt, das er am Institut für Deutsche Sprache der Wissenschaftsgemeinschaft Wilhelm Gottfried Leibniz (WGL) in Mannheim betreut. Als eines der vorläufigen Ergebnisse seiner Beobachtungen formuliert Spranz-Fogasy: »Führungskräfte können sehr schnell direkt auf die jeweils andere Person zusteuern und ihr das Gefühl geben, in diesem Augenblick der wichtigste Mensch auf der Welt zu sein.«

Genau das ist es, was den inneren Schweinehund des Gegenübers besänftigt: »Er nimmt uns wirklich ernst!«, wird er seinem Herrchen ins Ohr raunen, »er schätzt unsere Kompetenz!« Damit ist die beste Voraussetzung dafür geschaffen, dass Ihr Mitarbeiter gern bereit ist, Leistung zu zeigen. Verschwenden Sie Ihre knapp bemessene Zeit also nicht mit Small Talk, sondern führen Sie ernsthafte Gespräche mit Ihren Leuten. Und zwar nicht über Gott und die Welt, sondern über die Persönlichkeit Ihres Gegenüber: Was ist er für ein Mensch? Was leistet er? Was ist sein Gebiet? Wo liegen seine Schwächen und Stärken?

Damit haben Sie gleich zwei Fliegen mit einer Klappe geschlagen: Ihr Mitarbeiter wird Ihnen für Ihre Wertschätzung dankbar sein und sich durch besondere Leistungen erkenntlich zeigen. Und weil Sie ihn immer besser kennen lernen, können Sie ihn genau da einsetzen, wo er seine Stärken voll ausspielen kann. Ein Gewinn für beide Seiten.

Die Macht der Sprache

Kommunikation in Unternehmen kann mobilisieren oder das Handeln ersetzen, je nachdem, welche Sprache gesprochen und wie sie eingesetzt wird. In Unternehmen, die mehr als gute Worte produzieren, wird mit einer *handlungsorientierten Sprache* gesprochen. Was zeichnet eine solche Sprache aus? Sie ist

- konkret und klar,
- drückt fantasievolle Visionen aus,
- stellt die Gegenwart realistisch dar,
- nutzt eine selektive Beschreibung der Vergangenheit, um eine konkrete, gegebenenfalls kontrastierende Beziehung zur Zukunft herzustellen.

> 1989 initiierte Jack Welch, der Chef von General Electric, das so genannte Workout-Verfahren. So machte er klar, was er damit meinte: »Wir sagen gerne, dass unser ›Workout das gesamte Gebäude sprengte‹. Stellen Sie sich ein Gebäude vor: Es hat Wände und Stockwerke; die Wände trennen die Abteilungen voneinander, die Stockwerke repräsentieren die Hierarchieebenen. Unser Workout riss Wände und Stockwerke ein, und alle Mitarbeiter sammelten sich im verbleibenden großen Raum.«[33]

Eine Sprache, die bildhafter kaum hätte sein können. Es kommt aber auch darauf an, blockierende Formulierungen zu vermeiden. Viele Diskussionsbeiträge beginnen mit

- »Das Problem ist, ...«
- »Das ist nicht möglich, weil ...«
- »Hier sehe ich Hindernisse, denn ...«
- »Dabei besteht die Gefahr, dass ...«

Genau, hier spricht der Schweinehund, der keine Änderungen zulassen möchte. Sie können ihn besänftigen, indem Sie seine Einwände ernst nehmen, ihn aber gleichzeitig dabei unterstützen, seine Perspektive zu ändern: weg von der Problemfixierung (wie der Ochs vorm Berg), hin zu einem Blick, der auf den Weg der Problemlösung gerichtet ist (also am Berg vorbei oder durch den Berg hindurch).

Es kommt darauf an, dass gehandelt wird, auch wenn dabei Fehler passieren könnten. Wenn sich die Schweinehunde in Ihrem Unternehmen nur auf die Fallstricke, Hindernisse und drohenden Abgründe fixieren, werden sie ihre Herrchen dazu bringen, lieber erst gar nicht aufzubrechen.

Strategisches Rüstzeug in fünf Schritten

Greifen wir zurück auf das 5-Schritte-Programm aus *So zähmen Sie Ihren inneren Schweinehund!*, mit dem Sie Ihren kleinen Blockierer zu Ihrem besten Freund machen können: Sie treffen erstens eine eindeutige Entscheidung und machen zweitens eine klare Zielplanung. Drittens beginnen Sie mit der Ausführung, viertens kontrollieren Sie Ihre Zwischenergebnisse und zum Abschluss, fünftens, belohnen Sie sich für Ihren Erfolg.

Was für mich persönlich gilt, kann für meine Mitarbeiter nicht falsch sein, mögen Sie denken. Das stimmt im Prinzip – aber es stimmt nicht ganz. Im Unternehmensalltag sehen Sie sich nämlich nicht einem Abteilungsschweinehund gegenüber, sondern einem ganzen Rudel von Schweinehunden, von denen sie jeden Einzelnen ernst nehmen, kennen lernen und zähmen müssen

Schritt 1: Entscheiden

In einem Team steht und fällt der Erfolg eines Projektes mit der *Eindeutigkeit der Entscheidung*. Wenn Sie Ihr Team zum Erfolg führen wollen, müssen Sie nicht nur Ihren eigenen Schweinhund mit einer *bewussten* Entscheidung überzeugen, sondern auch alle seiner Artgenossen, die sich in Ihrer Abteilung tummeln. Denn nur wenn sämtliche Ihrer Teammitglieder die Entscheidung verstehen, akzeptieren und mittragen, werden sie sich mit dem Unternehmens- oder Projektziel identifizieren und motiviert an seiner Umsetzung arbeiten.

Analysieren Sie das Kernproblem

Und wie erreichen Sie das? Indem Sie sich erst einmal zurücklehnen und sich fragen: »Muss hier wirklich etwas entschieden werden?« Zwar hat sich als Synonym für »Manager« mittlerweile die Bezeichnung »Entscheider« durchgesetzt. Aber das heißt nicht, dass die besten Manager Hochleistungsentscheider sind, die jede halbe Stunde ihren Daumen über einem Projektentwurf heben oder senken. Nein, die besten Manager setzen sich zusammen mit ihrem Schweinehund hin und überlegen: »Was passiert, wenn wir jetzt gar nichts tun? Gerät die Situation außer Kontrolle? Verpassen wir eine wichtige Chance?« Wenn sich bei dieser Überlegung herausstellt, dass die Entscheidung, jetzt zu handeln mehr Nutzen bringt als Kosten und Risiken, dann ist der Schweinehund überzeugt und zieht sich auf seine Lagerstätte zurück, der Manager aber krempelt seine Ärmel hoch.

Aber damit geht es noch nicht los. Überprüfen Sie zunächst, ob Sie wirklich wissen, worum es geht. Haben Sie den Kern des Problems verstanden, bevor Sie ans Werk gehen? Peter F. Drucker unterscheidet vier Typen von Problemen (er nennt sie »Ereignisse«):

- Typische Probleme, deren Vorkommen ein Symptom einer zu erwartenden, typischen Entwicklung ist (zum Beispiel die Anpassung der Lagerhaltung eines Unternehmens an neue Produktionsabläufe).
- Einmalige Probleme für die individuelle Organisation, die aber für die Branche oder die Wirtschaft insgesamt typisch sind (zum Beispiel ein Fusionsangebot eines größeren Unternehmens).

- Außergewöhnliche, einzigartige Probleme (zum Beispiel das Contergan-Problem).
- Probleme, die zum ersten Mal auftreten, aber in Zukunft typisch sein werden (zum Beispiel ein Störfall).[34]

Man mag sich darüber streiten, ob »außergewöhnliche, einzigartige« Probleme nicht immer das Potenzial zu einem neuen, uns permanent begleitenden Problemtypus haben. Aber wie auch immer: Nur, wenn Sie das Problem richtig einordnen, können Sie es angemessen – und vor allem: Schweinehund-sicher – lösen. Je nachdem, wie das Problem geartet ist, müssen Sie eine einmalige Aktion starten oder eine dauerhafte Verhaltensänderung in die Wege leiten. So geschehen in folgendem Beispiel:

> Der Inhaber eines mittelständischen Unternehmens wollte seinen Umsatz steigern. Deshalb buchte er ein Seminar zum Thema »Verkaufsförderung«. Bei der Vorbesprechung stellte sich allerdings heraus, dass er über seine eigene Kundenstruktur nicht so genau Bescheid wusste. Wie viele Kunden hatte er überhaupt? Und wie viele davon waren Privatkunden, wie viele Geschäftskunden? Er sichtete seine Akten, und siehe da: Er hatte 16 Firmenkunden und 320 Privatkunden. Zunächst wollte er sich angesichts der Zahlen auf die Privatkunden konzentrieren, doch eine genaue Analyse ergab, dass er mit den 16 Firmenkunden über 80 Prozent seines Umsatzes machte! Im Gespräch wurde auch klar, dass sein Verkaufsleiter noch nie einen potenziellen Firmenkunden persönlich besucht hatte. Die Aufträge waren immer »von alleine« hereingekommen. Das Telefon hatte geklingelt, es kamen Anfragen per Post oder die Kunden wurden empfohlen.

Mit einer Marketingmaßnahme für Privatkunden und einem Kommunikationstraining für den Verkaufsleiter hätte man also glatt am Problem vorbeigezielt. Stattdessen ging der Geschäftsführer nun daran, sein Problem im Kern zu lösen: Er machte im Umkreis von 200 Kilometern (diese Strecke zu fahren lag im Rahmen dessen, was sich für den Betrieb rentierte) alle potenziellen Firmenkunden dingfest. Denn auf diese Klientel wollte er sich fortan konzentrieren. Im nächsten Schritt vereinbarte er mit seinem Verkaufsleiter, dass dieser jeden Monat fünf Kunden besuchen sollte. Wenn er dabei Verkaufserfolge aufweisen könne, wäre das prima, wenn nicht, müsse er eben »dranbleiben«.

Warum kein Erfolgsdruck? Wenn der Verkaufsleiter sich unter Druck gefühlt hätte, dann wäre sein Schweinehund sofort aktiv geworden und hätte sein Herrchen dazu verführt, Erfolgsgeschichten zu erfinden. Deshalb setzte der Unternehmer auf das Realitätsprinzip: Wer bei fünf Konzernen zum ersten Mal vorspricht, kann einfach nicht sofort mit einem vollen Auftragsbuch zurückkommen.

Durch die Portionierung (fünf Kunden) und die Terminierung (jeden Monat) wurde dem Abbruchsschweinehund ein Schnippchen geschlagen. Und mit der Lösung des Kernproblems hat unser Unternehmer noch einen weiteren Saboteur schachmatt gesetzt: Den Fortbildungsschweinehund. Der hätte nämlich sofort gestreikt, wenn sein Herrchen – womöglich außerhalb der Arbeitszeit! – Seminare hätte besuchen und »Kommunikations-Quatsch« lernen sollen. »Das braucht doch kein Mensch! Reine Zeit- und Geldverschwendung.«, hätte sein Schweinehund geschimpft. Zu Recht! So lange der Verkaufsleiter überhaupt keine Kunden besuchte, würde seine verfeinerte Kommunikationskunst dem Unternehmen kein bisschen nutzen.

Das zeigt uns: Schweinehunde sind eigentlich schlaue Begleiter. Wenn wir ab und zu auf ihren Rat hören, treffen wir vielleicht eine klügere Entscheidung, als wenn wir sie schroff zurückweisen. Und damit wären wir beim Thema »Partizipation im Entscheidungsprozess«. Darüber wurde schon viel geschrieben und gestritten, und wir wollen hier nicht jeden Aspekt noch einmal wieder holen. Wir wollen Ihr Augenmerk lediglich auf unseren kleinen Saboteur richten.

Treffen Sie Entscheidungen gemeinsam

Partizipation im Entscheidungsprozess bedeutet, dass Sie Ihren Mitarbeitern die Gelegenheit bieten, bei Entscheidungen mitzudenken und mitzureden. Das klingt zunächst mühsam und lästig. Aber keine Sorge: Es bedeutet nicht, dass Ihre Ziele zerredet werden. Sie bieten vielmehr einen engagierten Dialog an, in dem Sie sich den Einwänden und Bedenken Ihres Teams stellen. In der Tat – das kann anstrengend sein. Aber es bringt Ihnen den unschätzbaren Vorteil, Überzeugungsarbeit leisten zu können und gleichzeitig die lauernden Schweinehunde zu besänftigen.

Außerdem profitieren Sie von der Erfahrung und der Kreativität Ihrer Mitarbeiter: Vielleicht stellt es sich ja heraus, dass die Zielvorgabe für Ihr bestehendes Team tatsächlich eine Überforderung darstellt – und darauf reagiert unser vierbeiniger Freund bekanntlich mit massiver Sabotage. Oder es zeigt sich, dass Sie bei Ihren Vorüberlegungen entscheidende Faktoren nicht berücksichtigt hatten?

> Von Alfred P. Sloan, dem langjährigen Chef von General Motors, wird erzählt, dass er nicht nur auf der Partizipation seiner Mitarbeiter bestand, sondern sogar auf deren Meinungsverschiedenheiten. Als es sich in einer Sitzung abzeichnete, dass alle Anwesenden eine Entscheidung befürworteten, soll er gesagt haben: »Ich schlage vor, dass wir die Diskussion über diese Angelegenheit bis zur nächsten Sitzung verschieben, sodass wir Zeit haben, Uneinigkeit zu entwickeln und eine Vorstellung davon zu gewinnen, worum es bei dieser Entscheidung eigentlich geht.«[35]

Hintergrund dieser Vorgehensweise ist die Einsicht, dass Dissens ein Problem in einem klareren Licht erscheinen lässt. Und es ist die Erfahrung, dass sich im Hintergrund einer scheinbaren Konsens-Entscheidung oft unausgesprochene Vorbehalte zusammenbrauen, die, sobald sie eine kritische Masse erreicht haben, die Schweinehunde wecken und ihre Besitzer zu allen möglichen Störaktionen verleiten. Diese werden natürlich im Mantel der Sachzwänge, technischen Probleme oder im Pelz des Sündenbocks daherkommen – das wissen Sie ja schon. »Zu wenig Partizipation führt in der Regel zu einem Mangel an Verantwortung«, bringt Management-Professor Fredmund Malik dies auf den Punkt. Wenn das Pendel zu weit zurückschlägt, weckt dies die Schweinehunde aber ebenfalls auf: »Zu viel Partizipation dagegen führt häufig zu einem Mangel an Leistung.«[36] Dann passiert es nämlich, dass alle Teammitglieder sich in endlosen Debatten ergehen, während die kleine Schweinehund-Unholde unter dem Tisch einen Riesenspaß haben. Denn sie können sicher sein: Es wird keine Änderungen geben, es wird keine Anstrengungen geben – dies ist das höchste Ziel der Schweinehunde.

Integrieren Sie die Umsetzung in die Entscheidung

Sie wissen es bereits: Die Schweinehunde werden alles tun, um Ihre Entscheidung versanden zu lassen. Um dies zu vermeiden, können Sie die folgende Strategie anwenden: Sie integrieren die Umsetzung schon in die Entscheidung. Das heißt: Sie machen die Fragen danach, *wer was bis wann* wirklich getan haben soll, schon zum Bestandteil des Entscheidungsprozesses:

- Wen müssen wir von unserer Entscheidung unterrichten und bis wann soll das geschehen?
- Wer muss was erledigen und bis wann?
- Welche Informationen und Mittel, welches Know-how und wie viel Zeit braucht derjenige dazu, um dies auch wirklich tun zu können?
- Wie wollen wir den Umsetzungsprozess kontrollieren und steuern?

Es wird häufig vorkommen, dass Sie Entscheidungen treffen müssen, die für Ihr Team nicht gerade angenehm sind – vielleicht sind Überstunden nicht zu vermeiden? Das wäre eine Entscheidung, die eine wahrscheinlich begrenzte Zeitdauer prägen und dennoch genug

Schweinehunde auf den Plan rufen würde. Schwieriger noch wird es, wenn es um langfristige Änderungen geht: Vielleicht müssen Mitarbeiter entlassen werden? Vielleicht muss die gesamte Mannschaft von Frankfurt nach Berlin oder von Hamburg nach München umziehen? Klar, hier ist mit größtem Schweinehund-Protest zu rechnen.

Verdeutlichen Sie sich und Ihren Mitarbeitern die Konsequenzen ihres Handelns – oder Nichthandelns

In Fällen wie diesen sollten Sie nicht auf das Gejammer der kleinen Begleiter hören und sich von Ihren Zielen abbringen lassen. Machen Sie ihnen vielmehr klar, warum eine solche Entscheidung unumgänglich ist. Am überzeugendsten gelingt Ihnen das, wenn Sie Hochrechungen anstellen:

Was geschieht, wenn wir die Entscheidung umsetzen?
- Welche Vorteile bringt uns das?
- Wie summieren sich diese Vorteile in einem Monat?
- In einem Jahr?
- Wie in zehn Jahren?

Was geschieht, wenn wir die Entscheidung *nicht* umsetzen?
- Welche Nachteile bringt uns das?
- Wie summieren sich diese Nachteile in einem Monat?
- In einem Jahr?
- Wie in zehn Jahren?
- In 20, 30, 40 Jahren?

Wenn sich dabei herausstellt, dass Ihr Unternehmen binnen weniger Jahre die Insolvenz anmelden müsste, wenn der Standort nicht verlegt oder das Produktportfolio nicht verändert würde, dann wird auch noch der allersturste Schweinehund Vernunft annehmen. Er will ja nur das Beste für sein Herrchen! Also sorgen Sie dafür, dass Ihre Mitarbeiter samt ihren widerborstigen Begleitern die Sachlage in ihrer ganzen Komplexität und Tiefe verstehen. Denn wenn sie *wirklich wissen warum*, spielen sie gerne mit, auch wenn sie dafür kurzfristige Nachteile in Kauf nehmen müssen.

Auch hier hilft Ihnen der Schweinehund: Weil er sich am besten besänftigen lässt, wenn wirklich alles glasklar ist, bleibt Ihnen gar nichts anderes übrig, als sich so lange mit dem zu lösenden Problem zu beschäftigen, so viele Informationen zu sammeln, so viele Experten zu befragen und so lange zu streiten, bis Sie die Nuss geknackt haben, und das heißt: *die beste und zugleich einfachste Lösung* gefunden haben. Denn Sie wissen ja: Sinnlose Extra-Arbeit erträgt der Schweinehund nicht.

Mut zur Entscheidung

Allerdings: Irgendwann müssen Sie aufhören, Fakten zu sammeln und Alternativen abzuwägen. Sie müssen Ihre Entscheidung treffen! Sonst liefern Sie sich den Verzögerungs- oder den Ablenkungstaktiken der Schweinehunde aus. Ein Rezept dafür gibt es nicht. Aber Sie haben alles, was Sie für eine kluge Entscheidung brauchen:

Urteilskraft Kant sprach von »Mutterwitz«. Dieser versetzt Sie in die Lage, Einzelfälle zu reflektieren und unter allgemeine Regeln zu ordnen, die Sie dank Ihres Verstandes aufstellen können. Eine Ansammlung von Fakten bekommt nämlich erst dann eine Bedeutung, wenn Sie Kriterien für ihre Relevanz haben.

Einfühlungsvermögen Sie können sich in die vielfältigen Facetten der Problemlage einfühlen und – wiederum kraft Ihrer Ratio – diese Erfahrungen reflektieren und allgemeinen Kategorien zuordnen. Das hat nichts mit Gefühlsduselei oder dem blinden Gehorsam gegenüber irgendeiner »inneren Stimme« zu tun!

Erfahrung Sie haben in Ihrem Berufsleben schon viele Höhen und Tiefen erlebt, aus der Sie zahlreiche Erkenntnisse haben ziehen können, von denen Sie heute profitieren. Und Sie machen immer wieder neue Erfahrungen, die Sie systematisch in Ihren Erfahrungsschatz einordnen.

Sachkenntnis Sie kennen sich in Ihrem Gebiet aus. Auch wenn Ihre Unizeit schon etwas länger zurückliegt: Sie haben gelernt, worin die Prinzipien Ihrer Arbeit bestehen und lernen täglich immer noch dazu.

Ein Unternehmen, das den Sprung von der Planung zur Entscheidung und Handlung vorbildlich geschafft hat, ohne sich dabei im Datendickicht zu verlieren, ist Brita, der Marktführer für Wasserfilter. Brita hatte das Ziel, seine Produkte in einem neuen Land, den USA, zu verkaufen. Doch wie sollte man dabei vorgehen: Marktforschungsinstitute beauftragen, um die Marktgröße und den eventuellen Marktanteil zu ermitteln? Die Mitarbeiter Daten sammeln lassen? Sich an die US-amerikanischen Industrie- und Handelskammern wenden? Bei der Konkurrenz schnüffeln gehen? Unternehmensberater einschalten, um Kontakte zum amerikanischen Handel zu knüpfen? Für solche geradezu typischen Probleme im Unternehmensalltag gibt es eine Fülle von möglichen Lösungsansätzen, doch niemand kennt den optimalen Weg – *weil es keinen gibt*!

Der klassische Weg wäre es gewesen, erst eine Studie in Auftrag zu geben, und dann eine Unternehmensberatung einzuschalten, die die Studie überprüft. Damit wären aber zwei Jahre und jede Menge Geld verplempert worden. Der Brita-Chef ging anders vor: Er fragte in einem Drugstore in Salt Lake City, ob er einen Tisch aufstellen könnte, verkaufte dort Tee mit Brita-gefiltertem Wasser und sprach selbst mit den Verbraucherinnen, die vorbeigingen. Schon nach drei Tagen wusste er, welche Strategien in den USA funktionieren würden und welche nicht, und der Markteintritt von Brita auf dem US-Markt verlief überaus erfolgreich.

Der Chef von Brita hatte sich mit einem einfachen, aber probaten Mittel vor ausufernden Planungen gerettet: durch einen schlichten und preisgünstigen Test. Er konnte sich auf seine Urteilskraft bezüglich des Marktes, sein Einfühlungsvermögen bezüglich der Käufer, seine Erfahrung im Verkauf und seine Sachkenntnis bezüglich seines Geschäfts verlassen.

Wie man hört, haben die Schweinehunde mit Bedauern zur Kenntnis genommen, dass sie bei Brita mit ihren üblichen Taktiken nur auf taube Ohren stießen.

Schritt 2: Ziele setzen

Mit der Entscheidung allein ist es natürlich noch nicht getan. Damit haben Sie Ihr Team lediglich in Bereitschaft versetzt, »etwas« zu tun. Bildlich gesprochen, sind Ihre Leute aufgestanden, haben sich die Ärmel hochgekrempelt und sind bereit, loszuziehen. Aber zu welchem Ziel genau? Und auf welchem Weg? Das müssen Sie im nächsten Schritt klären. Und zwar wieder gemeinsam mit Ihren Mitarbeitern.

Bündeln Sie divergierende Interessen

Denn im Unterschied zu einem Ziel, das Sie sich selbst setzen, haben Sie es in einer Gruppe mit divergierenden Interessen, Zielen und eben Schweinehunden zu tun. Der eine will Anerkennung für gute Leistungen und ist bereit, dafür auch viel zu arbeiten, sein Kollege ist in seiner Freizeit sehr aktiv und achtet darauf, sich während seiner Arbeit nicht allzu sehr zu verausgaben, und einem dritten ist es vielleicht wichtig, dass er in jedem Projekt eine völlig neue Aufgabe übernehmen kann, weil er sich sonst langweilt. Alle diese persönlichen Ziele der Mitglieder sind völlig legitim! Ihre Kunst besteht nun darin, die Gruppe auf das gemeinsame Ziel einzuschwören *und* die persönlichen Ziele der Einzelnen mit dem zu erreichenden Ziel der Gruppe abzustimmen – »unter einen Hut zu bringen«, wie der Volksmund sagt. Wenn jeder seine Interessen berücksichtigt sieht, wird auch jeder bereit sein, an dem einen Strang mitzuziehen.

Um die auseinander strebenden Interessen Ihres Teams zu bündeln, brauchen Sie vor allem eins: Viel Zeit. Denn sobald sich nur einer Ihrer Mitarbeiter überrannt und bedrängt fühlt, lädt sein Schweinehund das Anti-Programm und stört den Gruppenprozess. Natürlich gibt es in jedem Team lautere Machertypen und etwas leisere Mitmacher. Da geschieht es leicht, dass die Macher das Heft in die Hand nehmen und Aufgaben, Ressourcen und Rollen schnell verteilen. Das sieht zunächst löblich aus, geht doch der Prozess schnell voran. Aber Vorsicht: Die Schweinehunde Ihrer zurückhaltenden Mitarbeiter sind keineswegs genauso zurückhaltend wie ihre Herrchen! Sie werden alles tun, um sich für das Überrolltwerden zu rächen. Hier sind Sie als Führungskraft gefragt: Sie brauchen eine sehr feine Nase, um jeden Schweinehund zu finden, aus seinem Versteck ans Tageslicht zu bringen und ihn zu besänftigen.

Orientieren Sie sich am Gesamtziel Ihres Unternehmens

Wie bringen Sie es also fertig, Ziele zu formulieren, die Schweinehund-sicher sind? Treten Sie zunächst einen Schritt zurück und betrachten Ihr Unternehmen als Ganzes: Wie lautet das Ziel des Unternehmens? Rufen Sie sich dieses Ziel in Erinnerung, stellen Sie es sich ganz plastisch vor. Dann treten Sie einen Schritt näher: Wie genau lautet das Ziel Ihrer Abteilung? Daraus nun lässt sich das Ziel eines jeden Projektes ableiten und weiter herunterbrechen auf das, was jeder Einzelne in Ihrer Abteilung dazu beitragen kann.

Bedenken Sie dabei, dass sich das Ziel Ihres Unternehmens aus verschiedenen Aspekten zusammensetzt, die auf verschiedenen Wegen erreicht werden: Auf der einen Seite haben Sie konkrete Ziele, zum Beispiel: »Wir sind weltweit Marktführer für Produkt x«. Auf der anderen Seite haben Sie es mit einer Firmenphilosophie zu tun, die eher auf den zwischenmenschlichen Umgang abzielt. Etwa so: »Zur Umsetzung unserer Mission brauchen wir herausragende Persönlichkeiten, die unsere Werte wie Integrität, Ehrlichkeit und Respekt gegenüber Menschen mittragen.«

Dann haben Sie kurzfristige Ziele, wie die Entwicklung eines neuen Produktes, und auf der anderen Seite langfristige Ziele, wie die Eroberung eines neuen Marktsegmentes.

Machen Sie sich dieses Zielsystem mit seinen verschiedenen Ebenen und Zeithorizonten immer wieder klar, und sprechen Sie auch mit Ihren Mitarbeitern darüber. Dann hören diese auf, nur bis zur eigenen Nasenspitze zu denken und haben es leichter, sich als Teil des Ganzen zu sehen. Wahrscheinlich können sie auf diese Weise auch viel besser zu ihrer Aufgabe stehen und auf ihren individuellen Beitrag stolz sein.

So werden Ihre Ziele »Schweinehund-sicher«

Jetzt geht es an die Formulierung der Ziele, die jeder Einzelne zu erreichen hat. Halten Sie diese Ziele am besten schriftlich fest, das zwingt Sie dazu, genau nachzudenken und präzise zu sein. »Oh, das ist so viel Arbeit, und bestimmt ganz mühsam«, hören wir Ihren Schweinehund schon wieder flüstern. Und wir können Ihnen versichern: Er hat Recht. Deshalb:

Überlassen Sie die Formulierung der Ziele einfach jedem Ihrer Mitarbeiter selbst.

Schon wieder erschrickt Ihr Schweinehund: »Was, da tanzt uns die Mannschaft doch sofort auf der Nase herum!«, hören wir ihn warnen. Keine Sorge: Wenn Ihre Mitarbeiter erstens das übergeordnete Ziel des Unternehmens, Ihrer Abteilung oder Ihres Projektes verstanden haben und wirklich mittragen, werden sie alles tun, um das auch zu erreichen. Und zweitens: Natürlich bleibt es Ihnen vorbehalten, mit Ihren Mitarbeitern über die Zielformulierung zu diskutieren. Das sollten Sie auch unbedingt tun, denn es bringt Ihnen folgende Vorteile:

- Sie gewinnen Klarheit darüber, was Ihre Mitarbeiter leisten können.
- Ihre Mitarbeiter gewinnen Klarheit darüber, was genau sie tun sollen.
- Verzerrte Wahrnehmungen, Ungereimtheiten und Missverständnisse kommen ans Tageslicht und können korrigiert werden.

In einer öffentlichen Sozialstation arbeiteten mehrere Ärzte, Psychologen und Sprechstundenhilfen. Letztere waren dafür zuständig, die Besucher zu empfangen und ihr Anliegen zu dokumentieren. Über die Jahre schlich es sich aber ein, dass diese Aufnahmegespräche sich immer mehr zu Beratungsgesprächen ausweiteten. Die Sprechstundenhilfen vereinbarten sogar Folgetermine mit den Klienten, um sie über einen längeren Zeitraum zu beraten. Das geschah nicht in böser Absicht: Die Hilfskräfte taten einfach ihr Bestes und hatten viel Freude bei ihrer Arbeit. Erst während einer Supervision, bei der alle Mitarbeiter der Station ihre Ziele aufschreiben und vorstellen sollten, kam dieses grundlegende Missverständnis ans Licht, sehr zum Erstaunen der Ärzte und Psychologen.

Missverständnisse können aber nicht nur an der Basis auftreten, sondern auch auf der Ebene des mittleren oder höchsten Managements. Eine schriftliche Fixierung der Zielsetzung und eine offene Diskussion über eventuelle Diskrepanzen zwischen den verschiedenen Vorstellungen oder zwischen Aufgabe und Ressourcen können viel zu einem besseren gegenseitigen Verständnis beitragen. Und damit zur Besänftigung der Schweinehunde und zum tatsächlichen Erreichen des Ziels.

Bei der Formulierung des Ziels sollten Sie und Ihre Mitarbeiter darauf achten, möglichst konkret, realistisch und präzise zu sein und das Ganze zu terminieren. Denn je heller und klarer das Zielbild ausschaut, das Sie zusammen entwerfen, desto weniger Störmöglichkeiten hat der innere Saboteur.

Schweinehund-sichere Ziele sind

- **realistisch und machbar,**
- **präzise und positiv formuliert,**
- **konkret messbar,**
- **terminiert,**
- **mit einem klaren Zielbild versehen.**

Realistisch und machbar

Wenn es Ihnen gelingt, möglichst alle Ängste abzubauen und Vorbehalte auszuräumen, ist der Weg für die Umsetzung Ihres Ziels frei: Sie haben das Gefühl der Machbarkeit vermittelt. Warum? Der innere Schweinehund Ihres Teams gehorcht genau den gleichen Gesetzen wie Ihr persönlicher kleiner Schweinehund. Deshalb lautet auch hier die entscheidende Erkenntnis:

Ihr Team braucht schon im Vorfeld das Gefühl der Machbarkeit.

Die inneren Schweinehunde im Unternehmen sind, wie gesagt, eigentlich ganz kluge Berater. Sind ihre Ziele zu hoch gesteckt, dann blockieren sie einfach die Umsetzung. Sie wissen ja, »es hat sowieso keinen Zweck!« und stellen ihre Herrchen gleich auf Energiesparmodus um.

Mit Etappenzielen

Sie kennen das von sich selbst: Wenn Sie morgens in den Alpen vor einem – für Ihre Maßstäbe – richtig hohen Bergmassiv stehen, können Sie sich zunächst gar nicht vorstellen, dass Sie am Nachmittag einmal dort hinauf gelaufen und auch wieder herabgestiegen sein werden. Deshalb nehmen Sie sich die Karte vor und teilen Sie Ihre Tour in Etappen ein: Drei Stunden bis zu dieser Hütte, noch mal zwei Stunden bis zu jenem kleinen Gipfel, noch mal eine Stunde bis zum höchsten Gipfel. Und zwei Stunden für den Abstieg. Dann wissen Sie und Ihr Schweinehund: »Das packen wir locker!«, freuen sich schon auf den Aufstieg und können es gar nicht mehr abwarten, endlich loszumarschieren. Und, geben Sie es zu: Sie freuen Sie auf die Pausen auf der Hütte und an den Gipfelkreuzen, wo Sie genüsslich Ihr Picknick verspeisen und die Aussicht genießen werden.

Genauso ist es mit Ihrem Team. Wenn Sie die große Aufgabe gemeinsam in Teilabschnitte zerlegen und Zwischenziele einplanen, dann scheint sie schon gar nicht mehr so groß zu sein. Und dann mault auch kein Schweinehund mehr, der Angst um die Ausdauer seines Herrchens hat.

Präzise und positiv formuliert

Damit ist es aber noch nicht getan. Die Ziele sollten außerdem präzise und positiv formuliert sein. Warum das so ist, zeigt folgendes Beispiel:

> Führungskraft: »Guten Tag, Herr M., wir müssen unbedingt die Planung für das nächste Jahr besprechen. Es gibt Qualitätsprobleme mit der neuen Maschine. Die Konkurrenz ist einfach besser und setzt 50 000 Stück pro Jahr mehr ab als wir. Um es kurz zu machen: Wir müssen Qualität und Verkauf deutlich verbessern.«
> Mitarbeiter: »Und was sollten wir Ihrer Meinung nach tun?«
> Führungskraft: »Na ja, wir müssen die Maschine eben einfach schneller machen.«

Mitarbeiter: »Das kostet aber Geld und wird sich auf den Verkaufspreis niederschlagen. So günstig wie jetzt können wir das Gerät dann nicht mehr anbieten.«
Führungskraft: »Den Preis dürfen wir höchstens geringfügig erhöhen!«
Mitarbeiter: »Verträgt sich das denn miteinander?«
Führungskraft: »Sie kriegen das schon hin, Herr M.«
Mitarbeiter: »Wenn wir den Verkauf ankurbeln wollen, brauchen wir mehr Werbung. Auch das kostet Geld.«
Führungskraft: »Ja, ja, aber mehr Kapital können wir zurzeit nicht locker machen. Sie müssen schon mit der Portokasse auskommen.« *(lacht)*
Mitarbeiter: »Was erwarten Sie konkret von mir?«
Führungskraft: »Sie sollen dafür sorgen, dass wir mit einer schnelleren Maschine einen größeren Marktanteil abbekommen.«
Mitarbeiter: »In welchem Zeitraum?«
Führungskraft: »Bis vorgestern, Herr M. *(lacht)* Also im Ernst, wir müssen spätestens auf der Hannover-Messe mit der verbesserten Maschine präsent sein.«
Mitarbeiter: »Das ist ja zeitlich gar nicht mehr zu schaffen. Die Hannover-Messe findet ja schon in 5 Monaten statt. Und die Kollegen sind alle in verschiedene andere Projekte eingebunden.«
Führungskraft: »Zur Not müssen wir eben Überstunden machen.«
Mitarbeiter: »Die müssen wir erst mal beim Betriebsrat durchsetzen. Also, auf große Begeisterung werden wir da nicht stoßen.«
Führungskraft: »Mag sein, aber Probleme sind dazu da, um gelöst zu werden. Sie machen das schon, Herr M.«
Mitarbeiter: »Welchen Verkaufspreis haben Sie denn im Auge?«
Führungskraft: »Wir dürfen auf keinen Fall teurer sein als die Konkurrenz.«
Mitarbeiter: »Was heißt das? Die Konkurrenz hat fünf verschie-

dene Modelle auf dem Markt mit Preisunterschieden zwischen 10 000 und 200 000 Euro.«
Führungskraft: »Na ja, Sie wissen schon: Profit is the name of our game. *(lacht)* Das Ziel ist ja jetzt klar. Legen Sie mal gleich los. Ach übrigens, bevor ich es vergesse: Bei der anderen Maschine gibt es ähnliche Probleme. Kümmern Sie sich bitte auch darum und leiten Sie die notwendigen Maßnahmen ein.«[37]

So geht es nicht. *Negativ und unpräzise* formulierte Ziele kann das Gehirn Ihres Mitarbeiters (und Ihr eigenes auch) nicht verarbeiten:

- »Es soll weniger Qualitätsprobleme geben.«
- »Wir dürfen nicht teurer sein als die Konkurrenz.«

Alles, was sich Ihr Gehirn jetzt vorstellen kann, sind »Qualitätsprobleme« und die »Konkurrenz«. Das ist alles, und darauf reagiert der innere Schweinehund mit garantiert schlechter Laune.

Positive und unpräzise Ziele kann das Gehirn genauso wenig verarbeiten:

- »Wir brauchen eine schnellere Maschine.«
- »Wir wollen einen größeren Marktanteil abbekommen.«

Konkret messbar

Ja, wie schnell denn? Und wie groß? Wenn das so unklar ist, dann kann es auch nicht so wichtig sein, denkt der Schweinehund, und geht zu seiner Sabotage-Tagesordnung über.

Die einzige Chance, den Schweinehund zu überlisten und dem Gehirn eine Information zu geben, mit der es etwas anfangen kann, sind positive und konkret formulierte Ziele:

Also etwa so: »Wir machen unsere Maschine um 20 Prozent schneller, dafür steht uns die Ressourcen abc zur Verfügung. Wir leiten Maßnahmen xyz ein und realisieren das Vorhaben bis zur Messe. Dann wird die Maschine zu Verkaufspreis x am Markt angeboten, und zwar folgenden Kunden.«

Erinnern wir uns noch mal an die Bergtour in den Alpen. Die Aussicht auf Ihre Pausen hatte eine faszinierende Wirkung auf Sie ... Auch dies gilt für Ihr Team. Planen Sie also Zwischenstops mit Belohnungen ein: Wenn Sie den ersten Abschnitt geschafft haben, gehen Sie vielleicht zusammen eine Pizza essen, beim zweiten Abschnitt gönnen Sie sich einen Nachmittag in der Bowling-Halle, beim dritten Abschnitt lassen Sie Suhsi kommen. Ganz nach Vorlieben und Laune.

Mit festem Termin

Die Terminierung Ihres Zieles ist immens wichtig, da sonst sofort die Aufschieberitis ausbricht und der Schweinehund das Ruder übernimmt. Wie viel Zeit Sie für welches Ziel einräumen, hängt von der Art der zu erledigenden Aufgabe ab. Sie können mit Ihren Mitarbeitern Ziele vereinbaren, die sich auf ein Projekt beziehen oder die sich auf Leistungen binnen eines Jahres beziehen, Sie können aber auch Tagesziele vereinbaren. (Hier ist die schriftliche Fixierung und anschließende Diskussion darüber in den meisten Fällen wohl zu langwierig und umständlich).

Je schwieriger die Situation ist, in der sich Ihr Unternehmen befindet, je komplexer das Problem, desto kurzfristiger müssen die Ziele sein. Außerdem gilt: Je größer ein Ziel ist, desto mehr Zwischenziele müssen festgelegt werden.

Auch wenn Sie ein Freund der emsigen Betriebsamkeit sind: Hetzen Sie niemanden. Geben Sie Ihren Mitarbeitern die Zeit, die sie brauchen, und planen Sie genug Pufferzeit ein. Denn Sie wissen ja: Das Netzwerk bricht immer zur falschen Zeit zusammen, die Drucker fallen immer dann aus, wenn es keiner gebrauchen kann, Stau ist immer dann, wenn Sie keine Zeit haben ... Glauben Sie es uns: Sie sparen nicht nur Nerven, sondern auch Zeit (= Geld), wenn Sie genügend Spielraum einplanen. Denn um Pannen hinterher wieder auszumerzen, ist meistens mehr Zeit notwendig, als wenn gar keine Panne entstanden wäre.

Überzeugen Sie mit leuchtenden Zielbildern

Spitzensportler setzen mentale Bilder ein, um sich auf ihr persönliches Ziel zu fokussieren: Sie malen sich die Wettkampfsituation aus, sehen sich vor ihrem »inneren Auge« selbst mit perfekten Bewegungsabläufen und zum Schluss als strahlende Sieger. »Mentales Training« nennt man diese Technik, die fast alle erfolgreichen Spitzensportler anwenden. Genauso können Sie sich ausmalen, wie Sie Ihr Projektergebnis präsentieren und Applaus ernten. Oder wie das neue Produkt in den Märkten aufgebaut sein und reißenden Absatz finden wird. Oder wie Sie Ihr Team in einer Sitzung von Ihrer neuen Idee begeistern ... Lassen Sie sich ein Schweinehund-Geheimnis verraten:

Schweinehunde lassen sich eher durch bunte und leuchtende Bilder überzeugen als durch rationale Argumente

Wenn es sich anbietet, können Sie Teile dieses Zielbildes auch schon einmal real und greifbar werden lassen. *Quick hits* nennt man das: Kleine vorzeigbare Erfolge, die das Vertrauen Ihrer Mannschaft in sich selbst und in die Sache stärken können. »Es funktioniert wirklich! Wir können es schon mit eigenen Augen sehen!«, werden die inneren Schweinehunde ausrufen und ihre Sabotagepläne ad acta legen. In einer solchen Pilotphase kann zum Beispiel die »Nullnummer« einer neuen Zeitschrift produziert (»Aha, so wird sie aussehen!«) oder ein Probeseminar abgehalten werden (»Aha, das Konzept funktioniert auf diese Weise!«).

Da Ihr Team jetzt etwas »in den Händen halten« kann, bleiben harte Diskussionen nicht aus: »So soll das aussehen!? Das habe ich mir aber ganz anders vorgestellt!« Das ist anstrengend, aber seien Sie froh drum: Was Sie jetzt ausdiskutieren, ist für die Schweinehunde später kein gefundenes Fressen mehr.

Schritt 3: Organisieren und umsetzen

Sie haben gemeinsam mit Ihrem Team das Ziel formuliert, schriftlich festgehalten und terminiert. Glückwunsch! Aber jetzt fängt die Arbeit erst an. Wenn es Ihnen jetzt nicht gelingt, einen überzeugenden Startschuss zu geben, landet Ihre schöne Zielvorgabe in der To-do-Ablage und geht darin unter. Erstaunlicherweise gelingen die besten Starts gerade nicht mit einer langen Vorbereitungsphase, in der sich alle langsam und konzentriert in Stellung bringen, die kommende Herausforderung vor Ihren inneren Auge noch einmal durchgehen – Sie kennen das von Spitzensportlern.

Auf! Springen Sie ins kalte Wasser

In einer Wettkampfsituation mag dieses Vorgehen sinnvoll sein. Nicht aber vor einem Projekt, das Sie mit einem Team vollbringen wollen, in dem ein riesiger kollektiver Schweinehund schlummert. Wecken Sie ihn bloß nicht! Überlisten Sie ihn einfach, indem Sie alle zusammen und sofort ins kalte Wasser springen und erst mal losschwimmen. »Herzinfarkt!«, mögen Sie einwenden. Nein, nicht Sie – da spricht schon wieder Ihr Schweinehund. Also: Springen Sie, fangen Sie an. Wenn etwas nicht so läuft, wie Sie sich das vorstellen – gut so!, dann können Sie gleich einen Weg finden, es besser zu machen.

Denn das müssen Sie sowieso. Leider funktioniert die Umsetzung eines Plans nämlich nicht nach dem Knopfdruck-Prinzip: Licht anschalten – dann wird es hell. Oder nach dem Fahrstuhl-Prinzip: Erster

Stock, zweiter Stock – und nach genau bemessener Zeit auf geradem Wege oben ankommen. Nein, die Umsetzung eines Plans im Team verläuft immer auf verschlungenen Pfaden.

Akzeptieren Sie Fehler

Denn während Ihr Team auf das Ziel zusteuert, finden Lernprozesse statt, die zu neuem Wissen führen, auf dessen Basis wiederum neue Wege möglich sind. Kreatives, interaktives Ausprobieren lässt sich nicht buchhalterisch durchstrukturieren. Handeln Sie und verbringen Sie weniger Zeit mit Nachdenken und dem Bespre-

chen von betrieblichen Problemen! Durch aktives Handeln gewinnen Sie an Erfahrung, die der beste Lehrmeister ist.

Aber keine Angst – das heißt nicht, dass Ihr Team ziel- und planlos in der zu lösenden Aufgabe herumstochert und nie zum Ziel kommt. Es heißt aber, dass es Fehler machen wird. Ihre große Herausforderung als Führungskraft besteht nun darin, dies auszuhalten. »Halt!« werden Sie nun innerlich rufen, »So geht das nicht! Wer soll das bezahlen?« Sie merken es selbst: Es ist Ihr Schweinehund, der sich da rührt, und den Sie gleich beruhigen können. Lernprozesse schließen immer Fehler mit ein, und Kreativität kann nur dann frei fließen, wenn sich Ihre Mitarbeiter auf ihr Ziel konzentrieren und nicht darauf, keine Fehler zu machen.

Vorhang auf!

Also: Springen Sie ins kalte Wasser und schwimmen Sie los. Wie Sie allen Beteiligten verdeutlichen können – und zwar nicht nur rational, sondern durch und durch – dass jetzt ein neues Stück gespielt wird, können Sie sich beim Theater abschauen: Das Vorspiel des Orchesters oder der Prolog eines Schauspielers stimmt Publikum auf das zu erwartende Geschehen ein. (Das haben Sie in Ihren Vorbesprechungen genauso gemacht). Und dann heißt es: Vorhang auf! Und frei nach Goethe: Der Worte sind genug gewechselt, lasst uns nun endlich Taten sehen!

Machen Sie ordentlich Theater! Das geht den Menschen unter die Haut! Sie können sich auch an den Ritualen orientieren, die die Menschen auf allen Erdteilen seit Jahrhunderten praktizieren: Lassen Sie die Korken knallen, enthüllen Sie ein Symbol, geben Sie einen Startschuss ab oder: Tragen Sie etwas feierlich zu Grabe.

Als Herr O. das Unternehmen übernahm, kämpften die Mitarbeiter noch mit dem Erbe seines Vorgängers, der einen bürokratischen Stil pflegte. Die Begeisterung war ihnen in einer Flut von

Vorschriften und Regeln abhanden gekommen, eine Vision nicht mehr erkennbar. Herr O. führte als Erstes mit allen Mitarbeitern Einzelgespräche, um zu sehen, was im Unternehmen funktionierte und welche Werte die Mitarbeiter hatten. Viele waren erleichtert, endlich über alles offen sprechen zu können, was sie schon seit langem frustrierte. Daraufhin ermittelte Herr O., welche Vorschriften abgeschafft werden konnten, und trug sie gemeinsam mit seinen Mitarbeitern zu Grabe. Um diesem Akt Nachdruck zu verleihen, wurden Dutzende dicker Ordner und Handbücher in einem echten Sarg auf dem Firmengelände beerdigt (wobei einer der Schweinehunde eine herzzerreißende Grabrede gehalten haben soll). Damit war das Alte symbolisch verabschiedet und der Raum für einen Neubeginn geschaffen worden. In gemeinsamen Gesprächen mit den Mitarbeitern erarbeitete Herr O. anschließend eine Vision für das Unternehmen. Erstaunt stellten alle fest, dass es sich um dieselbe Vision handelte, die »eigentlich immer schon« vorhanden, aber unter einem Berg von bürokratischem Schutt mehrere Jahre lang verborgen gewesen war. Das emotionale Klima im Betrieb und die Motivation der Mitarbeiter verbesserte sich nach diesem Neuanfang schnell.

Halten Sie durch

Nehmen wir also an, Sie haben den Startschuss gegeben, sind mit Ihrem Team ins kalte Wasser gesprungen und losgeschwommen, zunächst in freudiger Stimmung. Langsam wird es aber anstrengend, Ihre Arme und Beine werden immer schwerer, Sie werden müde, Sie haben irgendwann keine Lust mehr: Sie schwimmen mitten in ein Motivationsloch hinein. Was tun?

Lassen Sie sich nichts anmerken! Das würde sofort die inneren Schweinehunde Ihrer Mitarbeiter zu einer kollektiven Jammer-Veranstaltung animieren: »Wenn der Chef schon keine Lust hat, warum sollen wir dann weitermachen!?« Also schwimmen Sie tapfer weiter. Ihren eigenen inneren Schweinehund lullen Sie am besten ein, indem Sie wiederum eine Technik der Spitzensportler einsetzen: Die Selbstsuggestion. Das hat nichts mit finsteren Psychotricks zu tun, sondern es spricht Ihr Gehirn so an, dass es wieder auf Motivation umschalten kann. Sagen Sie sich

- »Ich bin motiviert.«
- »Ich bin in Topform.«
- »Ich bin gut in meinem Job.«
- »Mein Team ist spitze.«
- »Wir erreichen unser Ziel.«

Es ist ein bisschen komisch, sich diese Sätze selbst zu sagen, wenn man gerade ganz schlecht gelaunt ist. Aber versuchen Sie es ruhig einmal: Sie werden sehen, der Knoten in Ihrem Kopf löst sich auf, Sie werden wieder ruhig und zuversichtlich, und irgendwann hellt sich Ihre Miene auch wieder auf. Auch »Kopf hoch!« kann helfen – wirklich! Wenn Sie mit hängenden Schultern durch die Firmenflure schlurfen, ziehen Sie nicht nur sich selbst in ein Stimmungstief. Strahlen Sie Zuversicht aus! Das steckt an, und nicht zuletzt machen Sie sich selbst auf diese Weise optimistisch.

Packen Sie mit an – aber gehen Sie nicht im Tagesgeschäft unter

Am überzeugendsten wirken Sie, wenn Sie nicht nur mit zuversichtlicher Miene herumlaufen, sondern auch selbst die Ärmel hochkrempeln und richtig mit anpacken.

> SAS Institute ist ein erfolgreiches Unternehmen der Softwarebranche, dessen Erfolg zu einem großen Teil darauf beruht, hoch begabte Arbeitskräfte zu rekrutieren, zu halten und ihr Können gut zu nutzen.
>
> Die Personalfluktuationsrate liegt bei nur 3 Prozent. Von Managern wird bei SAS erwartet, dass sie nicht nur führen, sondern

auch selbst mit anpacken, sich also ebenfalls an der Softwareprogrammierung und Produktentwicklung beteiligen. Führungskräfte, die nur schöne Reden halten und sich überwiegend mit Planungen, Datenpflege und Präsentationen beschäftigen, sind nicht erwünscht und werden von SAS nicht eingestellt. Die Einbindung der Manager in den praktischen Arbeitsprozess sorgt dafür, dass sie die »Bodenhaftung« behalten und nicht »am grünen Tisch« Theorien und Pläne entwickeln, von denen sich dann hinterher herausstellt, dass sie nicht realisierbar sind.

Dieselbe Art von Führungsverständnis wie bei SAS Institute ist auch bei anderen erfolgreichen Unternehmen zu beobachten. Neben dem »Zupacken« ist es natürlich auch erforderlich, Visionen zu entwickeln, um innovativ zu bleiben. Wer nur im Tagesgeschäft feststeckt, verliert den Blick für Zukunftschancen des Unternehmens, die langfristig doch erst seinen Erfolg sichern. Aus dieser Not haben erfolgreiche Unternehmen eine Tugend gemacht: Sie setzen einerseits »Traummanager« und andererseits »Umsetzungsmanager« ein. Während Letztere sich aktiv um das Tagesgeschäft und die Führung der Mitarbeiter kümmern, dürfen Erstere sich mit Zukunftsvisionen befassen. Die klare Grenzziehung zwischen diesen beiden Arten des Managements ist effektiver als die übliche, in den meisten Unternehmen praktizierte Vermischung von Traum und Wirklichkeit.

Große Fortschritte hat zum Beispiel Sixt damit gemacht. Der Traummanager hat sich die Frage gestellt: Was wäre die Traumautovermietung der Welt? Die Antwort auf diese Frage hat Sixt schrittweise immer näher an die Kundenbedürfnisse herangeführt und dem Unternehmen einen Zuwachs an Marktanteilen beschert.

Setzen Sie »Umsetzungsmanager« und »Traummanager« ein. So können Sie das Tagesgeschäft erledigen, und trotzdem Zukunftsvisionen entwickeln.

Unterstützen Sie Ihre Mitarbeiter

Aber zurück zum Boden der Tatsachen. Am effektivsten können Sie Ihre Mitarbeiter während des Umsetzungsprozesses unterstützen, wenn Sie sicherstellen, dass Materialien, Informationen und weitere Ressourcen ungehindert und schnell so fließen, dass jeder seine Arbeit erledigen kann. Folgende Fragen sollten Sie immer wieder stellen

- Was benötigen Sie, um Ihr Ziel zu erreichen?
- Wann brauchen Sie es?
- In welcher Form brauchen Sie es?

So können Sie sicherstellen, dass jeder dem anderen so zuarbeitet, dass möglichst wenig Reibungsverluste entstehen und dass jeder mit den Ressourcen ausgestattet ist, die er braucht, um seinen Beitrag zu leisten.

Nutzen Sie die Kraft des Rhythmus

Langfristige Change-Management-Prozesse in Unternehmen sind viel schwieriger durchzuführen als kurzfristige Einmalaktionen. Denn hier geht es um die Änderung von Verhaltensmustern und inneren Einstellungen, und gegen so etwas revoltiert der innere Schweinehund besonders hart. Und immer schon haben sich die Menschen Methoden ausgedacht, um ihn wieder von den Barrikaden herunterzulocken.

> Von Immanuel Kant beispielsweise wird berichtet, dass er sich strikte, tägliche Arbeitszeiten auferlegt hatte, von denen er niemals abwich. Auch wenn Arbeitskrisen auftreten – unter diesen Bedingungen hat es der Abbruchschweinehund schwer. Oder betrachten Sie den Tagesablauf der Mönche: In einem festen Rhythmus singen, beten und arbeiten sie – je nach Orden sogar mitten in der Nacht – ob es eiskalt in der Kapelle ist oder nicht, ob sie

müde sind oder nicht, ob sie Lust haben oder nicht. In diesem festen Gerüst ist es wahrscheinlich schwer, vom Glauben abzufallen.

Sie müssen mit Ihrer Abteilung nicht alle zwei Stunden singen. Aber Sie können einen Jour Fixe einrichten, bei dem Sie sich zusammensetzen und über Ihren Projektfortschritt diskutieren. Sie haben die Möglichkeit, mit jedem Mitarbeiter in einem bestimmten Turnus ein Vier-Augen-Gespräch zu führen, bei dem Sie die persönlichen Erfolge und Probleme jedes Einzelnen besprechen können. Wenn Sie mögen, können Sie auch eine End-of-the-Month-Party einrichten, mit der Sie sich bei Laune halten. Und Sie sollten unbedingt nach jedem Projekt-Abschluss eine Party feiern, um auf Ihren gemeinsamen Erfolg anzustoßen.

Eine Warnung noch zum Schluss:

Hüten Sie sich und Ihr Team vor dem Perfektionsschweinehund!

Er raunt immer wieder »Hier könntest du noch etwas verbessern«, »Jenes ist noch nicht perfekt«, »Dieses solltest du noch einmal kontrollieren«. Nicht selten führt dieses Perfektionsstreben dazu, dass ein Termin platzt, Auftraggeber enttäuscht oder genervt sind oder dass ein ganzes Projekt nicht realisiert wird – es könnte ja irgendwo noch ein Stäubchen zu finden sein! Fassen Sie Mut:

Machen Sie lieber eine Sache nur zu 80 Prozent gut, als dass Sie sie zu 100 Prozent gar nicht machen.

Sie werden sich wundern: Dass es sich – Ihrer Meinung nach – um nicht mehr als 80 Prozent handelt, fällt anderen vielleicht gar nicht auf. Und Sie sparen jede Menge Zeit!

Ermutigen Sie Ihre Mitarbeiter zu »80-Prozent-Ergebnissen« vor allem, wenn es um interne Schriftstücke oder Präsentationen geht. Sie ahnen es nicht, wie viel Zeit in Unternehmen damit verbracht wird, interne PowerPoint-Präsentationen zu erstellen! Es soll Unternehmen geben, die für viel Geld externe Grafikagenturen mit der Ausarbeitung einer optisch überwältigenden PowerPoint-Präsentation beauftragen, obwohl das Publikum nur aus ein paar Managern bestehen wird und lediglich Internes besprochen werden sollen ... Unterbinden Sie solche Marotten. Setzen Sie lieber Ihre Ziele um, das bringt Ihnen allen mehr.

Schritt 4: Kontrollieren und vertrauen

Wenn Sie präzise, konkrete, messbare (Teil-)Ziele formuliert haben, wissen Sie genau, wie Sie feststellen können, ob diese Ziele auch umgesetzt worden sind. Das bringt Ihnen einen doppelten Nutzen: Sie und Ihr Team stellen fest, wie weit sie mit den geplanten Vorhaben gekommen sind. Und Sie freuen sich garantiert so sehr über die (Teil-)Erfolge, dass Sie daraus neue Motivation gewinnen.

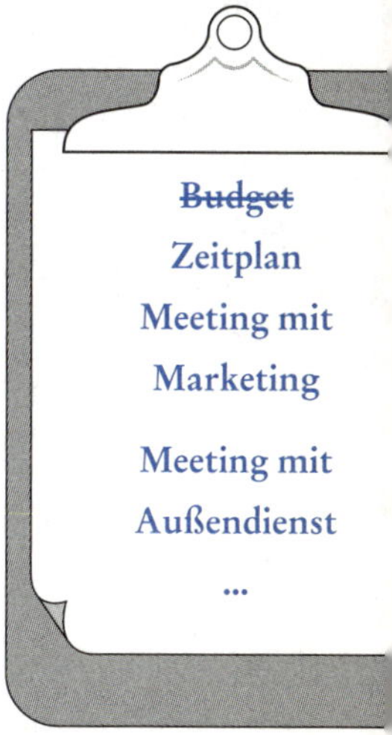

Die Schweinehunde, die permanent an Ihren Hosenbeinen zerren und Ihre Vorhaben zu anstrengend finden, lassen sich übrigens durch einen einfachen Trick besänftigen: Halten Sie Ihnen ständig den Stand der Dinge vor die Schweinehundaugen: »So weit haben wir es schon geschafft!«, »Wir haben schon diese Erfolge verbucht und jene Tiefen überwunden!«

Hängen Sie zum Beispiel ein großes Plakat an die Wand, auf dem zu erledigende Maßnahmen oder Teilschritte notiert sind. Immer, wenn etwas erledigt ist, wird es feierlich abgehakt oder durchgestrichen.

Oder Sie montieren ein Plakat, das Ihre Umsatzzuwächse dokumentiert. Gegen die Übermacht solcher Fakten kann kein Schweinehund mehr etwas einwenden.

Trotzdem bleibt eine Frage: Auf welche Weise kontrollieren Sie? Sie wollen ja nicht wie ein Polizist durch die Büros marschieren und sich einzelne Dateien aufrufen lassen? Da haben Sie Recht, das würde ohnehin nur die inneren Schweinehunde Ihres Teams auf die Barrikaden treiben. Denn nichts können sie weniger ertragen als rigide Kontrollen. Auch hier gibt es wieder eine Lösung, die außerdem noch Ihrem eigenen Schweinehund sehr recht sein wird:

Lassen Sie Ihre Mitarbeiter sich selbst kontrollieren.

Bevor Ihr Schweinehund wieder einen Panikanfall bekommt, wollen wir gleich einlenken: Es geht nicht darum, dass jeder fortan tun und lassen kann, wonach ihm gerade zumute ist. Es geht darum, dass Ihre Mitarbeiter wissen, worin ihre Ziele bestehen und ihre Leistungen selbst an diesen Zielen messen können. Dazu brauchen sie klare Maßstäbe, die aus ihrer Zielvereinbarung hervorgehen sollten. Ist der vereinbarte Termin gekommen, müssen sie Rechenschaft über ihre Ergebnisse ablegen – darum kommen sie nicht herum. Aber wie sie es geschafft haben, diese Ergebnisse zu erreichen, war und ist nur ihre eigene Angelegenheit.

Betrachten wir noch einmal ein Orchester: Wenn es das Ziel des Dirigenten ist, eine Passage laut und aggressiv klingen zu lassen, dann teilt er dies seinen Geigenspielern mit. Welche Bogentechnik und welchen Fingersatz diese dann einsetzen, um dieses Ziel zu erreichen, interessiert ihn dabei überhaupt nicht. Wichtig ist nur, dass er den Streichern sein Zielbild möglichst plastisch, konkret, farbig, emotional und intensiv vermittelt. Innerhalb dieses Rahmens gibt er ihnen Gestaltungsfreiheit.

Schalten Sie den »Fusselblick« ab …

Der Dirigent konzentriert sich darauf, dass seinem Orchester die Interpretation des Stücks so gelingt, wie er es sich ausgemalt hat. Er fokussiert sich *nicht* ausschließlich auf die eine oder andere falsche Note.

Das tun wir aber häufig: Wenn einer unserer Mitarbeiter einen Projektentwurf geschrieben hat, der von Begeisterung überquillt, dann korrigieren wir die Interpunktionsfehler. Wenn einer unserer Mitarbeiter eine begeisternde Präsentation gehalten hat, dann weisen wir ihn auf seine schlecht sitzende Krawatte hin und klopfen ihm die Schuppen von seinen schwarzen Anzugschultern. Es ist der »Fusselblick«, den wir uns seit der Schulzeit angewöhnt haben! Niemals haben wir zu Hause stolz verkündet: »Ich habe fast alles richtig gemacht!«, sondern immer hieß es: »Ich habe bloß zwei Fehler!«. Machen wir also Schluss mit der Schulzeit: Konzentrieren wir uns auf das, was uns und unserem Unternehmen gelingt.

… aber erblinden Sie dabei nicht

Vertrauen ist gut, Kontrolle ist besser. Diesen Spruch kennen Sie und wir möchten Sie dazu ermuntern, ihn nicht allzu streng anzuwenden. Denn mit Kontrollmethoden einer Geheimpolizei demoralisieren Sie Ihre Mitarbeiter nur, außerdem ist die Selbstkontrolle eines freien Menschen viel wirksamer als die Kontrolle von außen.

Trotzdem sollten Sie sich nicht dazu hinreißen lassen, überhaupt kein Auge mehr auf die Geschäfte zu werfen, die Sie Ihren Mitarbeitern übertragen haben. Folgendes Beispiel ist Ihnen sicherlich in Erinnerung geblieben:

> Der 28-jährige Terminhändler Nicholas Leeson brachte der Baring Bank Mitte der 90er Jahre mit seinen Spekulationen Verluste

in Höhe von 1,3 Milliarden Dollar ein. Da es kein Buchführungs- und Anlagecontrolling gab, ahnten Leesons Vorgesetze lange überhaupt nichts von der sich nähernden Katastrophe. Baring war schließlich gezwunden, Konkurs anzumelden.[38]

Bei allem Vertrauen in die Kompetenz und Kreativität Ihrer Mitarbeiter: Sorgen Sie dafür, dass sie den Rahmen der vorgegebenen Richtlinien nicht sprengen.

Vertrauen im richtigen Moment

In vielen Fällen fahren Sie besser, wenn Sie Ihren Mitarbeitern das Feld überlassen und sie nicht ständig kontrollieren. Zum Beispiel, wenn es um den direkten Kundenkontakt geht. Sie mögen zwar der Manager eines Unternehmens oder einer Abteilung sein, der »gute Draht« zwischen Ihrem Geschäft und Ihren Kunden läuft aber von der Ebene Ihrer Mitarbeiter zu den Mitarbeitern Ihres Geschäftspartners. Wenn Sie sich dort einklinken, verderben Sie vielleicht mehr als Sie befördern. Vertrauen Sie der Kompetenz Ihrer Mitarbeiter und sagen Sie Ihrem eigenen Schweinehund, dass Sie nicht alles selbst tun müssen, damit es auch richtig und gut gemacht wird!

»Führung ist eine kraftvolle Mischung aus Strategie und Vertrauen. Aber wenn du ohne eines von beiden auskommen musst, verzichte auf die Strategie«, hat es General H. Norman Schwarzkopf auf den Punkt gebracht. Durch die Beschleunigung, Flexibilisierung und Virtualisierung der Märkte kommt es in Zukunft immer mehr darauf an, dass Sie vertrauen können. Schon jetzt bleibt vielen Unternehmern nichts anderes übrig, als Freelancer mit großen Projekten zu betrauen, von denen sie nur die Telefonstimme, die Homepage und ein paar Arbeitsproben kennen!

Integrität schafft Vertrauen

Sie müssen als Chef nicht zwingend von Ihren Mitarbeitern gemocht werden. Ihre Leute müssen auch nicht Ihrer Meinung sein, Ihren Geschmack oder Ihren Humor teilen. Es kommt nur darauf an, dass diese Ihnen vertrauen. Wie Sie das erreichen? Mit Integrität. Unser alter Schweinehundkenner Seneca erklärt, was Integrität bedeutet: »Das ist sowohl die größte Aufgabe als das größte Kennzeichen der Weisheit, dass die Handlungen mit den Worten in Einklang stehen und der Mensch sich selbst über gleich und derselbe sei. (...) Beobachte also, ob deine Kleidung und Wohnung einander widersprechen, ob du etwa gegen dich freigebig, gegen die Deinigen knauserig bist, ob du haushälterisch speisest, aber verschwenderisch bauest. Ergreife ein für allemal eine Richtschnur, nach der du lebst, und nach dieser bringe dein ganzes Leben ins gleiche.«[39]

Übertragen wir es in die heutige Zeit: Wenn Ihre Geschäfte schlecht gehen und Sie Ihre Mitarbeiter zu besonderen Anstrengungen ermahnen, dann können Sie es sich nicht erlauben, in der gleichen Zeit einen ausgedehnten Urlaub zu nehmen, sich ein neues Luxusauto zu kaufen oder eine neue Büroausstattung. Ihnen bleibt nichts anderes übrig, als selbst mit gutem Beispiel voranzugehen, mit mehr Energie zu arbeiten, mehr zu akquirieren, der Krise unerbittlich zu trotzen, eisern zu bleiben. Das verschafft Ihnen Respekt. Drucker formuliert es so: »Effektive Führung beruht nicht auf Klugheit, sondern auf Beständigkeit.«

Reinhard K. Sprenger warnt in seinem Buch *Vertrauen führt* davor, Aufrichtigkeit mit Rambo-Gehabe zu verwechseln. Es könne nicht angehen, dass Manager aus einem Gefühl der »Echtheit« heraus ihren Mitarbeiter »mal so richtig unzensiert die Meinung geigen«. »Die Forderung nach Authentizität ist unter den Machtbedingungen seifenoperntauglich, aber das ist es auch schon«, schreibt Sprenger. »Macht per se ist der kommunikative Sündenfall. Eine Führungskraft hat sich ihrer Rolle im Unternehmen immer bewusst zu sein, sie muss das hierarchische Gefälle immer mit einkalkulieren - und da verbietet sich Echtheit."[40]

Schritt 5: Abschließen und Erfolge feiern

Versäumen Sie es auf keinen Fall, die erfolgreiche Umsetzung Ihres Vorhabens zu feiern. Setzen Sie einen deutlichen Schlusspunkt, der zeigt, »wir haben es geschafft« und belohnen Sie Ihre Mitarbeiter und sich für den Erfolg! Präsentieren Sie die neu erschienene Ausgabe Ihrer Zeitschrift, Ihr neues Produkt, Ihre neue Dienstleistung. Rufen Sie Ihr Team zusammen und öffnen Sie eine Flasche Sekt, veröffentlichen Sie eine Notiz in Ihrer Firmenzeitung oder im Intranet, hängen Sie eine an Ihr schwarzes Brett oder was auch immer. Tun Sie das nicht nur für sich und Ihre Mitarbeiter, sondern vor allem für die Abteilungsschweinehunde. Denn je besser Sie diese belohnen, je schöner die Erholungspause ist, die Sie ihnen nach dem Stress bieten, umso ungestörter werden sie Sie auch bei Ihrem nächsten Projekt ungestört arbeiten lassen.

Ein Wörtchen noch möchten wir an dieser Stelle an Ihren eigenen Schweinehund richten: Lassen Sie es nicht zu, dass er sich mit »fremden Federn« schmücken will. Niemals! Genauso wenig dürfen Sie dulden, dass er Ihre Fehler irgendwelchen Mitarbeitern in die Schuhe schiebt. Das untergräbt das Vertrauen Ihrer Leute. Schreiben Sie Ihrem Schweinehund deshalb folgende Regeln hinter die Ohren:

- Erfolge Ihrer Mitarbeiter gehören allein Ihren Mitarbeitern.
- Ihre persönlichen Erfolge gehören dem gesamten Team.
- Ihre persönlichen Fehler sind allein Ihre Fehler.
- Und Fehler Ihrer Mitarbeiter sind auch Ihre Fehler.

Ihr Schweinehund wird das nicht gerne hören. Aber es führt kein Weg daran vorbei. Sagen Sie ihm: Wenn er der würdige Schweinehund einer

Führungskraft sein möchte, dann stehe es ihm gut, wenn er das aushalten könne.

Das Prämienproblem

Sie kennen das: Sie möchten einen Mitarbeiter für seinen besonderen Einsatz belohnen und lassen ihm eine satte Prämie überweisen. Vor Freude erzählt der Glückliche allen seinen Kollegen von der tollen Prä-

mie. Und ruckzuck stehen die Schweinehunde dieser Kollegen grollend auf den Barrikaden: »Was? Der bekommt eine Prämie und wir nicht? Dabei sind wir doch mindestens genauso gut! Das werden wir dem Chef aber heimzahlen.« Wenn Sie diese Form der »Ungleichbehandlung« dadurch vermeiden wollen, indem Sie jedem Mitarbeiter die gleiche Prämie zahlen, könnte Folgendes geschehen:

> Herr U. und Herr W. waren Finanzberater und teilten sich ein Büro. Herr U. erreichte in einem Jahr traumhafte Verkaufsabschlüsse, über die er sich sehr freute. Sein Kollege hingegen lieferte nur ein mageres Ergebnis ab. Sein Schweinehund hatte ihm dazu geraten, regelmäßig zu spät zu kommen, früher zu gehen und viel Zeit mit Zeitunglesen und privaten Telefongesprächen zu verbringen, getreu dem Motto: »Wer nur wenig arbeitet, macht auch nur wenig Fehler.« Herr U. erwartete, für seine außergewöhnliche Leistung auch eine besondere Prämie zu bekommen. Am Jahresende musste er jedoch feststellen, dass Herr W., der nicht einmal die vorgegebenen Ziele erreicht hatte, die gleichen prozentualen Vergütungen erhielt wie er. Zudem erhielten weder Herr U. noch Herr W. ein verbales Feedback für ihre sehr unterschiedlichen Leistungen. Man ging einfach zur Tagesordnung über und schüttete so genannte »Prämien« mit der Gießkanne über den Mitarbeitern aus. Da Herr U. über dieses gleichgültige Verhalten der Geschäftsleitung sehr frustriert war, verließ er innerhalb eines Jahres das Unternehmen und suchte sich einen Arbeitsplatz, an dem seine Leistungen sichtbar honoriert wurden. Allein die Suche nach einem neuen ebenso qualifizierten Mitarbeiter wie Herrn U. dürfte das Unternehmen ein ganzes Jahresgehalt gekostet haben – ganz zu schweigen davon, dass ein neuer Mitarbeiter noch keine Garantie für ebenso erfolgreiche Verkaufsabschlüsse bot.

Sorgen Sie für ein gedecktes Beziehungskonto

Das Beziehungskonto, das automatisch in dem Moment eröffnet wird, wenn eine Beziehung beginnt, zum Beispiel zwischen Führungskraft und Mitarbeiter, erwähnten wir bereits. Genauso wie auf einem Gehalts- oder Unternehmenskonto gibt es auch auf jedem Beziehungskonto Soll und Haben, Aktiva und Passiva, Einzahlungen und Abhebungen. Wenn Führungskräfte glauben, dass Unmuts- oder Unzufriedenheitsäußerungen in Wahrheit nur versteckte Bitten um ein höheres Gehalt sind, dann verwechseln sie das Beziehungs- mit dem Gehaltskonto.

Jede Arbeitsleistung, aber auch jede Art emotionaler Zuwendung, die einer dem anderen gibt, ist eine Einzahlung auf das Beziehungskonto. Wenn nun einer von beiden immer nur einzahlt, der andere aber dauernd abhebt, ist der Kontostand ständig auf Null oder sogar im Minus. Unzufriedene Mitarbeiter haben genau dieses Gefühl: Sie geben ihre Arbeit für das Unternehmen, zahlen also auf das Konto ein, und das Unternehmen beziehungsweise die Manager buchen wie selbstverständlich davon ab, ohne etwas zurückzugeben. Was ihnen fehlt, sind Einzahlungen des Vorgesetzten auf ihr Beziehungskonto – oder ganz einfach gesagt: der Ausdruck von Dankbarkeit, Anerkennung und Wertschätzung für ihre Arbeit.

Einzahlungen auf das Beziehungskonto müssen keine großen Taten sein, und sie sind in den meisten Fällen sogar absolut kostenlos. Es geht nur um kleine Gesten und schlichte Worte wie »Danke«. Es geht einfach darum, die Arbeit von Mitarbeitern nicht als selbstverständlich hinzunehmen, denn schließlich könnten die Mitarbeiter genauso gut für ein anderes Unternehmen tätig sein und woanders ihre Arbeitskraft einbringen. »Man kann die Hand eines Menschen kaufen, aber nicht sein Herz. In seinem Herzen aber sitzen sein Enthusiasmus und seine Loyalität. Man kann seinen Rücken kaufen, aber nicht sein Gehirn. Dort sitzen seine Kreativität, sein Einfallsreichtum und seine geistige Beweglichkeit.«[41]

Einzahlungen auf das Beziehungskonto führen zu wachsendem gegenseitigen Vertrauen, Abbuchungen hingegen zu Demotivation und Schweinehunde-Aktivitäten. Es gibt viele Möglichkeiten, die Einzahlungen zu gestalten. Am überzeugendsten sind spontane, ehrliche und authentische Äußerungen und Aufmerksamkeiten, die von Herzen kommen. Hier zwei Beispiele, wie sich Dankbarkeit und Wertschätzung kreativ und fantasievoll ausdrücken lassen:

Ein Zeitschriftenverlag entwickelte unter dem Schlagwort »Erwischt!« eine Auszeichnung, die jeder im Betrieb einem anderen Kollegen geben konnte. Sie bestand in Fünf-Euro-Gutscheinen, die in gleicher Stückzahl an Mitarbeiter wie Führungskräfte ausgegeben wurden. Sobald jemand entdeckte, dass ein Kollege eine gute Leistung erbracht hatte, rief er laut »Erwischt!« und händigte dem Betreffenden auf der Stelle einen Gutschein aus. Die fünf Euro hatten dabei nur symbolischen Wert, denn es ging um die Geste, nicht ums Geld.

In einem anderen Unternehmen ging eine Trophäe in Form eines Flugzeugmodells herum. Jeder Manager musste einmal pro Woche die Trophäe an einen ihm unterstellten Mitarbeiter verleihen und dazu einen »Flugplan« einreichen. Dieser bestand aus einer kurzen schriftlichen Begründung für die Vergabe der Auszeichnung und wurde in der Vielflieger-Zentrale eingereicht. Dem Empfänger der Trophäe wurden daraufhin 1 000 Flugmeilen gutgeschrieben.

Natürlich sind auch viele andere Arten kleiner Aufmerksamkeiten denkbar, mit denen etwas auf das Beziehungskonto eingezahlt wird. Es muss nicht immer der Blumenstrauß für die Dame und die Flasche Wein für den Herrn sein, und es muss auch nicht immer das obligatorische Geburtstagsgeschenk im Wert von 15 bis 20 Euro sein. Je origineller und einfallsreicher kleine Anerkennungen sind, desto mehr Spaß machen sie allen.

Wichtig sind auch kleine Rituale wie die gebührende Begrüßung und Einführung eines neuen und die Verabschiedung eines alten Mitarbeiters. Kleine Einstandspartys signalisieren dem Neuen: »Herzlich willkommen! Wir freuen uns, dass Sie hier sind!«

> In einem Unternehmen wurde dieser Einstand besonders fröhlich gestaltet: Dem neuen Mitarbeiter wurde eine Augenbinde umgebunden, und er wurde reihum von einem Kollegen zum nächsten geführt. Jeder flüsterte dem Neuen dann eine wahre Begebenheit über sich selbst zu, von der keiner im Unternehmen etwas wusste. So hatte der Neue Gelegenheit, auf ungewöhnliche Weise seine Kollegen gleich am ersten Tag kennen zu lernen.

Einzahlungen auf das Beziehungskonto der Mitarbeiter beugen der (inneren) Kündigung vor und stärken ihre Produktivität und Motivation.

Sorgen Sie für eine gerechte Gehaltsstruktur

Attraktive Arbeitgeber zahlen ihren Mitarbeitern übrigens nicht mehr als das branchenübliche Gehalt. »Unterschiede ergeben sich jedoch aus einer wesentlich höheren Leistungsdifferenzierung bei Vergütungsanpassungen«, so die Unternehmensberatung Hewitt in ihrer Studie *Attraktive Arbeitgeber in Deutschland*.[42] Dazu kommen ausgefeilte und systematischere Feedback-Systeme (einschließlich der Beurteilung der Vorgesetzten) sowie tendenziell bessere berufliche Entwicklungsperspektiven – womit wir wieder beim Thema »Beziehungskonto« wären.

Was tun, wenn Sie gescheitert sind?

Es ist völlig normal, dass Projekte scheitern, das Umsatzzahlen auch einmal in den Keller sinken, dass manche neue Dienstleistung am

Markt floppt. Was tun? Folgen Sie dem oben beschriebenen Ablauf dennoch. Anstelle einer Freudenfeier veranstalten Sie allerdings eine Trauerfeier. Sie rufen Ihre Mitarbeiter zusammen, stellen das Problem kurz und bündig dar – allerdings ohne Sündenböcke durch die Unternehmensflure zu treiben und ohne in Selbstmitleid zu versinken.

Analysieren Sie das, was geschehen ist, damit alle die Gründe verstehen und der gleiche Fehler nicht noch einmal passiert – genauso, wie Schachspieler sich nach einer Partie zusammensetzen und jeden Zug noch einmal durchgehen, um die Alternativen zu diskutieren, die sie gehabt hätten.

Geben Sie Ihren Mitarbeitern Zeit und Raum, ihrer Enttäuschung Ausdruck zu verleihen. Aber limitieren Sie diese Trauerphase. Wenn Sie mögen, können Sie Ihren Prototypen zu Grabe tragen oder sonst etwas tun, um den Abteilungsschweinehunden zu zeigen: Schluss damit! Vorhang zu! Bühne frei für ein neues Stück!

Tipps und Tricks für den Unternehmensalltag

Mit dem strategischen Rüstzeug dürften Sie gut gewappnet sein, um den Schweinehunden in Ihrer Abteilung das Handwerk zu legen. Da wir aus eigener Erfahrung aber wissen, dass der Schweinehundteufel im Detail steckt, wollen wir nun noch einmal zwei spezifische Situation unter die Lupe nehmen, die wir für besonders Schweinehund-anfällig halten, Meetings und Feedback-Gespräche. Und zu guter Letzt werden wir uns noch einmal dem zentralen Thema der Motivation zuwenden: Sie erfahren, wie Sie Ihren eigenen Schweinehund und den Ihrer Mitarbeiter bei Laune halten.

Effektive Meetings führen

Warum wird so viel und so ineffektiv getagt? Und warum sind Manager oder Mitarbeiter, die in ineffektiven Sitzungen viel Eloquentes, wenn auch Überflüssiges von sich geben, so viel erfolgreicher als der stillen, fleißigen Mauerblümchen? Wir schätzen einen Menschen, der sich häufig und vehement ins Gespräch einbringt, instinktiv als Führungspersönlichkeit ein. Insbesondere dann, wenn er andere einfach unterbricht und länger spricht als diese. George Maclay und Humphrey Knipe haben in einer Studie Folgendes herausgefunden: »Wenn sich eine nicht erzwungene Rangordnung etabliert, lässt sich die Position der beteiligten Individuen für gewöhnlich daran erkennen, welche Redezeit ihnen eingeräumt wird. Die einflussreichste Person darf am längsten reden ... In hektischen Situationen wird denjenigen, die in der Hierarchie am weitesten unten stehen, kaum ein Wort gestattet.«[43]

Das gesprochene Wort (und die damit einhergehende Körpersprache) ist eben oft das Offenkundigste und Einzige, an das wir uns halten können, um einen Menschen einzuschätzen. Wir sehen und hören, und sofort sortieren wir in die Kategorien »kompetent/inkompetent«, »sympathisch/unsympathisch« etc. Ob derjenige auch gute Arbeit leistet, zeigt sich, wenn überhaupt, erst viel später.

Kehren wir noch einmal zurück zu der Situation, mit der wir das erste Kapitel begonnen haben:

Ihr Team soll die Umsätze im kommenden Jahr um 30 Prozent in die Höhe schrauben, den Kundenservice verbessern oder die alte Marketingstrategie verwerfen und eine neue entwickeln. Sie haben ein Meeting einberufen, 15 Augenpaare sind auf Sie gerichtet – jetzt müssen Sie es Ihren Mitarbeitern sagen. Und Sie fühlen sich unbehaglich, weil sie die Präsenz der Schweinehunde ganz deutlich im Raum spüren.

Jetzt sagen wir ihnen, wo sie sitzen: unter dem Tisch.

Es sind Abgesandte des Schweinehundministeriums, und zwar aus den Abteilungen für

- Profilneurosen, Eitelkeit und Geltungsdrang,
- Gunsterheischung und Aufstieg,
- Störung, Getuschel und Unaufmerksamkeit,
- Vielrednerei, Geschwätz und taube Ohren.

Sie können sie mit Füßen treten oder sich auf den Kopf stellen, Sie werden diese Biester niemals los. Das Einzige, was Sie tun können, ist, ihre Energie in nützliche Bahnen zu lenken. Und zwar schon, bevor die Sitzung überhaupt losgeht. Wir empfehlen Ihnen, Ihre Aufmerksamkeit auf folgende Punkte zu richten, um Ihre Meetings Schweinehundsicher zu machen:

- die *Zahl* der Meetings,
- die *Vorbereitung* beziehungsweise Aufstellung der Agenda,
- das *Zeitmanagement* während der Sitzung,
- das *Themenmanagement* während der Sitzung,
- die *Nachbereitung* beziehungsweise das Verfassen des Protokolls.

Die Zahl der Meetings reduzieren

Effektives Arbeiten zeichnet sich durch einen besonders kleinen Zeitaufwand für Sitzungen aus. Wenn die Aufgaben klar verteilt sind und der Informationsfluss funktioniert, ist es schlicht und ergreifend nicht notwendig, täglich stundenlang zu tagen. Wenn Sie also das nächste Mal Meetings planen, lehnen Sie sich wieder zuerst zurück und fragen sich: Muss das wirklich sein?

Oder haben Sie nur einfach Lust, mal wieder alle Ihre Mitarbeiter um sich zu sammeln, um ein bisschen Gruppengefühl aufkommen zu lassen (und für Ihren eigenen kleinen Schweinehund ein bisschen Chefgefühl)? Auch so etwas hat Berechtigung, aber nicht in einem Meeting, das effektiv sein soll. Nutzen Sie für die Pflege zwischenmenschlicher Beziehungen eher die Festivitäten, die Sie ja fortan anlässlich jedes abgeschlossenen Projektes feiern werden.

Die Agenda vorbereiten

Wenn ein Meeting nun unbedingt sein muss, dann sorgen Sie dafür, dass sich alle darauf vorbereiten können. Denn was nutzt es Ihnen, alle maßgeblichen Mitarbeiter und Manager an einen Tisch zu rufen, wenn der eine seine Daten nicht mitgebracht, der Nächste seine Skizzen vergessen und der dritte das Archivmaterial noch nicht durchgearbeitet hat?

Schicken Sie also rechtzeitig vor dem Meeting eine Agenda an alle, die unterrichtet sein müssen. Wenn es sich um einen regelmäßigen Sitzungstermin handelt, bitten Sie Ihre Mitarbeiter um Rückmeldung, welche Themen ihnen unter den Nägeln brennen und treffen Sie eine sinnvolle Auswahl.

Um zu verhindern, dass sich die Hälfte aller Teilnehmer des Meetings langweilt und wertvolle Zeit vergeudet (sehr zum Vergnügen ihrer Schweinehunde), können Sie mit der Agenda auch den Hinweis herumschicken, dass nur die Personen kommen müssen, die von den zu besprechenden Sachverhalten unmittelbar betroffen sind. Die anderen brauchen nicht zu erscheinen und können sich darauf verlassen, im Anschluss an die Sitzung von den Ergebnissen unterrichtet zu werden. Sie werden sich wundern, wie schnell und effektiv Ihre Meetings werden.

Zeitmanagement während der Sitzung

Die meisten Sitzungen dauern zu lange und sind ineffektiv. Warum? Es wird geredet und geredet, weil, wie wir oben gesehen haben, dies ein Zeichen von Macht und Kompetenz ist. Was können Sie tun? Unser Vorschlag:

Stoppen Sie die Vielredner-Schweinehunde!

Dazu können Sie für jede Sitzung einen Zeit-Beauftragen auswählen, der die Redezeit der einzelnen Beiträge kontrolliert. Legen Sie ruhig vorher gemeinsam fest, wie viele Minuten (versuchen Sie doch auch mal: 90 Sekunden pro Beitrag!) jeder sprechen darf. Verdeutlichen Sie Ihren Mitarbeitern, warum das notwendig ist, wie viel Zeit sie alle dadurch gewinnen und wie viel mehr Spaß auch die Meetings machen werden, wenn sie auf Ihre Ziele statt auf die Profilneurosen der Schweinehunde ausgerichtet sind.

Stellen Sie ruhig wieder eine Hochrechnung an: Wie viel Zeit können wir in einem Monat, in einem Jahr, in drei Jahren sparen, wenn wir effektiver tagen? Das wird die Schweinehunde Ihrer Mitarbeiter beruhigen und es ihnen leichter machen, auf das lieb gewonnene Ego-Futter, das Meetings bis dato immer für sie abwarfen, fortan zu verzichten.

Um der ganzen Sache ein wenig von Ihrer Strenge zu nehmen, können Sie wieder ein wenig Theater machen: Nehmen Sie zum Beispiel ein großes rotes Stoppschild, das der Zeitmanager dann hochhält, wenn dem Redner noch eine vereinbarte Restzeit von X Sekunden oder Minuten für seinen Vortrag verbleiben. Oder nehmen Sie ein Schild in Form eines großen Schweinehundes! Dann ist jedem sofort klar, was gemeint ist: Die kleinen Saboteure fühlen sich auf frischer Tat ertappt und verziehen sich ganz schnell.

Themenmanagement während der Sitzung

Es wird nicht nur zu lange geredet, es wird in Meetings auch zu oft am Thema vorbei geredet. Nicht zuletzt, weil diverse Schweinehunde ein großes Interesse daran haben, dass die Heldentaten der vergangenen zehn Jahre, die ihre Herrchen glorreich vollbrachten, immer wieder aufgekocht werden. Auch das können Sie stoppen, indem Sie gemeinsam einen Themenmanager auswählen, der sofort einhakt, wenn jemand zu schwadronieren anfängt. Das »Stopp«- oder »Schweinehund«-Schild wird hier hervorragende Dienste leisten.

Und noch eine Unsitte können Sie auf diese Weise stoppen. Ganz gewiefte Meeting-Cracks versuchen immer wieder, zwischen zwei Sitzungspunkten oder unter »Verschiedenes« brisante Themen durchzupeitschen. Lassen Sie das nicht zu, haken Sie beziehungsweise Ihr Themenmanager hier sofort ein. Was wichtig ist, braucht die volle Aufmerksamkeit aller Beteiligten und darf keinesfalls »mal eben« durchgewunken werden.

Sie beziehungsweise Ihr Themenmanager sollten auch »Dauerbrennern« ein besonderes Augenmerk widmen. Welche Themen tauchen immer wieder in Ihren Meetings auf, ohne dass irgendein Fortschritt erkennbar wäre? Was mutiert zur Never-Ending-Story, zur permanenten Mecker-Geschichte? Wenn Sie solche Themen dingfest machen können, haben Sie einen Ablenkungs- oder Aufschiebe-Schweinehund erwischt. Klären Sie mit Ihrem Team, worin genau das Kernproblem dieses Dauerbrenners besteht und lösen Sie es ein für allemal, damit es die Sitzungen nicht weiter blockiert.

Stoppen Sie den Protokollzirkus

Für die einen ist es der »Schwarze Peter«, den sie immer wieder ziehen, für die anderen ein willkommenes Machtinstrument: das Protokoll. In etlichen Unternehmen nämlich gilt: Wer das Protokoll schreibt, hat die Macht. Er kann Themen akzentuieren, andere abschwächen oder ganz »vergessen«, er kann Sündenböcke züchten und »Angedachtes« als beschlossene Sache hinstellen.

Schließen Sie den Protokollzirkus der Schweinehunde!

Dieser Protokollzirkus kostet Sie nur viel Zeit und Ärger. Wir möchten Ihnen zwei Möglichkeiten verraten, die den Prozess der Nachbereitung einer Sitzung vereinfachen und beschleunigen:

- Lassen Sie einen Mitarbeiter schon während der Sitzung ein handschriftliches Protokoll anfertigen, das im Anschluss kopiert und an alle verteilt wird.
- Halten Sie Ihre Ergebnisse schon während der Sitzung auf Ihrem Flipchart fest und kopieren Sie das Blatt (natürlich als Verkleinerung) für alle.

»Oje, so einfach?«, mag Ihr Schweinehund einwenden. »Das sieht doch bestimmt ganz unordentlich aus!« Streicheln Sie ihn einfach ein bisschen, er wird sich schon wieder beruhigen.

Wichtig: Um die beschlossenen Punkte zu Taten und den Sabotageakten der Schweinehunde den Garaus zu machen, sollte das Protokoll nicht nur Ihre Entscheidungen enthalten, sondern auch den Umsetzungsplan: *Wer muss was bis wann erledigt haben?*

Wenn dieser Termin gekommen ist, prüfen Sie gemeinsam, welche Ergebnisse vorliegen und wie sie ausgefallen sind. Wenn sich die Lage der Dinge geändert hat, können Sie Ihren Plan auch modifizieren. Damit ist dieser Plan aber nicht ein Schweinehund-Opfer geworden, sondern durch eine bewusste Entscheidung verändert worden.

Es sollte eigentlich klar sein, aber wir möchten es hier noch einmal betonen: Stellen Sie allen Beteiligten die Protokolle *sofort* (am Ende des Meetings) zur Verfügung, nicht erst nach zwei Wochen. Sie werden sich wundern, wie schnell auf einmal alles geht und wie sehr die Macht der Schweinehunde schrumpft.

Feedback geben und Leistung beurteilen

Nicht nur all die guten im Privaten gefassten Vorsätze der Silvesternacht – von »ich sollte aufhören zu rauchen« bis hin zu »ich könnte mehr Sport treiben« – bescheren den Schweinehunden an Neujahr ein herrliches Festival, auch die vielen um den Jahreswechsel geführten Mitarbeitergespräche tragen ihren Teil dazu bei.

Wie Sie aus den formalisierten Pflichtveranstaltungen für beide Seiten nutzbringende Gespräche machen können, die ein essenzieller Bestandteil des gelungenen Schweinehunde-Managements sind, erfahren Sie in den folgenden Abschnitten.

Die hohe Kunst des Lobes

»Was, loben sollen wir auch noch!?«, mag Ihr Schweinehund maulen. »Da drehen doch die Eitelkeitsschweinehunde der lieben Mitarbeiter total durch, alle verlieren die Bodenhaftung und halten sich für so toll, dass sie sich nicht mehr anstrengen werden!« In der Tat, die Meinungen zum Thema »Lob« gehen weit auseinander.

Fredmund Malik zum Beispiel meint: »Wer Menschen entwickeln will, muss – entgegen der landläufigen Meinung – sparsam umgehen mit Lob.«[44] Der Grund: Lob dürfe sich nicht abnutzen dadurch, dass es zum falschen Anlass, etwa bei Selbstverständlichkeiten, ausgespro-

chen wird. Denn so verwischten sich die Grenzen zwischen Leistung und Nicht-Leistung. Zwei Ausnahmen: Jüngere Mitarbeiter mit wenig Erfahrung sollte man häufiger loben und solche, die eine neue Aufgabe übernommen haben und sich darin erst zurecht finden müssen. Außerdem brauchten Menschen in einer Krise viel Lob, damit sie nicht in Resignation abgleiten.

Wir plädieren für viel mehr Lob. *Loben Sie!* Aber richten Sie dieses Lob exakt auf die individuelle Schweinehund-Dynamik Ihrer Mitarbeiter aus:

- Wenn Herr A. Probleme damit hat, Abgabetermine einzuhalten, dann loben Sie ihn, wenn er seinen Verzögerungs-, Ablenkungs- oder Perfektionismusschweinehund zähmen konnte.
- Wen Frau B. sich in Meetings nie zu Wort meldet, dann loben Sie sie, wenn sie ihren Schüchternheitsschweinehund zähmen konnte.
- Wenn Herr C. dazu neigt, sich in den Vordergrund zu spielen, dann loben Sie ihn, wenn es ihm gelingt, seinen Geltungsschweinehund zu zähmen.

Beobachten Sie Ihre Mitarbeiter genau und unterstützen Sie sie dabei, Ihre individuellen Schweinehunde kennen zu lernen, zu akzeptieren und zu zähmen.

Genau wie beim Treffen einer Entscheidung ist es auch beim Loben wichtig, den Kern der Sache zu treffen. Lassen Sie sich also nicht dazu hinreißen, irgendjemand für sein Äußeres zu loben, so gut Ihnen das auch gefällt. Halten Sie sich auch hier an unseren alten Schweinehundzähmer Seneca: »Die ihm eigene Tugend ist beim Weinstock die Fruchtbarkeit: auch am Menschen ist nur das zu loben, was sein Eigen ist. Lobe an ihm, was ihm weder entrissen, noch gegeben werden kann, was des Menschen wahres Eigentum ist. Was das sei? fragst du. Sein Geist und die im Geiste vollkommen ausgebildete Vernunft.«[45]

Feedback geben, Engagement fördern

Marcus Buckingham und Curt Coffman plädieren dafür, den individuellen Schweinehund des Mitarbeiters auch in Feedback-Gesprächen ins Zentrum der Aufmerksamkeit zu rücken. Erfolgreiche Manager zeichneten sich dadurch aus, dass sie jede Feedback-Sitzung mit einem kurzen Rückblick auf die Leistung der vergangenen Monate beginnen. Ziel der Übung ist es, »dem Mitarbeiter seinen Arbeitsstil en détail vor Augen zu führen und ein Gespräch über die dahinter stehende Talentstruktur zu ermöglichen.«[46] Andersherum gedacht, heißt das nichts anderes, als die individuelle Schweinehundstruktur zu verstehen. Denn Talent und Schweinehund verhalten sich in den meisten Fällen umgekehrt proportional zueinander:

- Je größer das Talent, desto kleiner der Schweinehund.
- Je geringer das Talent, desto größer der Schweinehund.

Die von Buckingham/Coffman beschriebenen Führungskräfte konzentrieren sich auf die Frage, wie man die gefundenen Talente am besten nutzen beziehungsweise »wie der Mitarbeiter seinen Stil möglichst produktiv einsetzen kann«.[47] Sie suchen gemeinsam nach einem »Weg des geringsten Widerstands« für jeden Einzelnen und nach komplementären Partnerschaften, durch die ein Mitarbeiter die Talentlücken des anderen ausgleichen kann.

Auf diese Weise werden auch Sie die wenigsten Probleme mit sabotierenden Schweinehunden in ihren Abteilungen haben.

Dass Feedback gar nicht so einfach ist, zeigt eine Auswertung von 131 Studien zur Effektivität dieser Methode, auf die sich John Thackray in seiner Gallup-Studie *Engagement durch Feedback* stützt: In mehr als einem Drittel aller Fälle hatte sich das »Geben« von Feedback negativ auf die zukünftige Leistung des Empfängers ausgewirkt. Ursachen dafür seien schwache Befragungsinstrumente, eine geringe Teilnahme der Mitarbeiter, vor allem aber die Tatsache, dass die Äußerungen der Mitarbeiter nicht ernst genug genommen werden: »Jeder

Mitarbeiter erhält einen Moment lang die Möglichkeit, seine Meinung zu äußern, eine vergängliche Teilnahme bei der großen gemeinsamen Suche nach der Wahrheit, dann folgt die große Stille, keine Veränderungen, Frustration und der Status quo siegt.«[48]

The Gallup Organization setzte sich zum Ziel, einen Feedback-Prozess zu entwickeln, der das Engagement der Mitarbeiter befördern, anders ausgedrückt: ihre Schweinehunde zähmen sollte. Aus Hunderten von Interviews mit Mitarbeitern und Managern destillierten die Forscher folgende zwölf Aussagen heraus, die der Methode die Bezeichnung »Q 12« bescherten:

1. Ich weiß, was bei der Arbeit von mir erwartet wird.
2. Ich habe die Materialien und die Arbeitsmittel, um meine Aufgabe richtig zu machen.
3. Ich habe bei der Arbeit jeden Tag die Gelegenheit, das zu tun, was ich am besten kann.
4. Ich habe in den letzten sieben Tagen für gute Arbeit Anerkennung oder Lob bekommen.
5. Mein/e Vorgesetzte/r oder eine andere Person bei der Arbeit interessiert sich für mich als Mensch.
6. Bei der Arbeit gibt es jemanden, der mich in meiner Entwicklung fördert.
7. Bei der Arbeit scheinen meine Meinungen zu zählen.
8. Die Ziele und die Unternehmensphilosophie meiner Firma geben mir das Gefühl, dass meine Arbeit wichtig ist.
9. Meine Kollegen haben einen inneren Antrieb, Arbeit von hoher Qualität zu leisten.
10. Ich habe einen sehr guten Freund innerhalb der Firma.
11. In den letzten sechs Monaten hat jemand in der Firma mit mir über meine Fortschritte gesprochen.
12. Während des letzten Jahres hatte ich bei der Arbeit die Gelegenheit, Neues zu lernen und mich weiterzuentwickeln.

Die befragten Mitarbeiter bewerten jede dieser zwölf Aussagen mit

Werten von 1 bis 5. Auf dieser Grundlage findet dann ein Feedback-Gespräch statt, mit dem Ziel, Einstellungen, Verhaltensweisen und Prozesse zu verändern.

Gallup zufolge korrelieren die Q12-Befragungswerte mit der Mitarbeiterleistung beziehungsweise den Geschäftsergebnissen. »Ein logischer Schritt auf dem Weg zu höheren Profiten ist es also«, so John Thackray, »sich als Arbeitgeber Werten zuzuwenden, die das Engagement der Mitarbeiter stärken.« Ihm zufolge unterscheidet sich diese Gallup-Methode von den bisherigen Verfahren darin, dass sie »weiche Faktoren« wie die Arbeitsmoral, das Engagement, den Wunsch der Mitarbeiter nach Lob und nach Mitgestaltung einerseits mit »harten Faktoren« und messbaren Ergebnissen andererseits verbindet.

Mit jedem Q12-Element kann ein Missstand behoben werden. Denn, so Thackray: »Wahrheiten, die ehemals verdeckt wurden, werden nun eröffnet.« Betrachten wir folgendes Beispiel:

> John Sheffler, Sicherheitschef des Swissôtel in Atlanta und ein ehemaliger Unteroffizier, führte seine Abteilung wie eine Armeeeinheit. Bitten nach flexibleren Arbeitszeiten, mit denen sich seine Mitarbeiter besser auf die Familie, Schule und andere Verpflichtungen hätten einstellen können, lehnte er kategorisch ab. Als sein achtköpfiges Team die schlechtesten Q12-Ergebnisse von mehreren hundert Abteilungen innerhalb Swissôtel erhielt, musste er sich der Diskussion stellen: Seine Mitarbeiter kritisierten seine Art, alles bestimmen und kontrollieren zu müssen, vor allem die Einsatzpläne. Sheffler befürchtete, dass sich alle für die Tagschicht melden würden und niemand in der Nacht arbeiten wolle, wenn er seinen Mitarbeitern mehr Freiheiten und Flexibilität hinsichtlich der Arbeitszeiten gab. Aber diese Sorge erwies sich als unberechtigt: Seine Mitarbeiter versprachen, die Verantwortung für eine vollständige Belegung übernehmen. »Wir saßen zusammen und hörten Dinge, die wirklich nicht angenehm waren und langsam änderte sich der Führungsstil«, erinnert sich Sheffler.

Laut Gallup erzielte sein Team schon im folgenden Jahr hervorragende Werte.

Fixieren Sie sich allerdings nicht auf die Verbesserung der miserabelsten Q12-Werte Ihres Teams, sondern stärken Sie vor allem die Punkte, die bei Ihnen gut laufen. »Die potenziellen Gewinne sind in den leistungsstärksten Gruppen am höchsten«, ist John Thackray überzeugt.

Richtig kritisieren

Kritik, richtig verstanden, ist nicht das Niedermachen, willkürliche Meckern oder »Dampf-Ablassen«, mit dem es häufig verwechselt wird. Das Ziel der Kritik besteht auch nicht in einer Bestrafung von Fehlverhalten, sondern in einer Verbesserung der Arbeitsleistung. Kritik setzt eine relativ ausgeglichene Gefühlslage voraus, um in einer Weise geäußert werden zu können, die nicht auf Abwehr und Irritationen stößt und zu Abbuchungen vom Beziehungskonto führt.

Grundsätzlich sollten Sie die Leistungen von Mitarbeitern immer mit Gelassenheit sehen. Wer mit Wut reagiert, fühlt sich persönlich angegriffen, weil er die Sache durch die Ego-Brille betrachtet. In den meisten Fällen haben Ihre Mitarbeiter aber gar nicht die Absicht, Sie als Vorgesetzten zu ärgern, sondern sie handeln einfach im Augenblick so, weil sie beschränkte Möglichkeiten zur Verfügung haben. Machen Sie sich klar, dass Unfähigkeit wie so viele Dinge im Leben der Gauß'schen Normalverteilung folgt: Es gibt einige wenige Mitarbeiter, die absolut »spitze« sind in ihrem Metier, und ebenso einige wenige, deren Leistungen so miserabel sind, dass man sich fragt, wie sie überhaupt ihren Lebensunterhalt damit verdienen. Die große Mehrheit jedoch folgt dem Durchschnitt und damit der bauchigen Rundung der Kurve. Fehler und Fehlverhalten sind also vorhersehbar und treten mit einer gewissen Wahrscheinlichkeit regelmäßig auf – kein Grund also, sich aufzuregen.

Herr A. *(ironisch)*: »Herzlichen Glückwunsch, Frau B., Sie haben es wieder einmal versäumt, die Vorgänge von der Abteilung Q prüfen zu lassen, bevor sie an die Kunden gingen. Wir mussten wieder einmal vier Beschwerden geradebiegen.«
Frau B. *(irritiert, verlegen)*: »Also, ich wollte doch nur ..., ich meine, es war so eilig ..., und da dachte ich ...«
Herr A. *(arrogant, ironisch)*: »Sie sollten das Denken den Pferden überlassen, Frau B., die haben den größeren Kopf. Also wenn das noch mal passiert, dann können Sie mit einem saftigen Anpfiff vom ganz oben rechnen.«
Frau B. *(in Verteidigungshaltung)*: »Wenn ich die Vorgänge immer erst auf den letzten Drücker kriege, ist eben einfach keine Zeit mehr, sie in Abteilung Q prüfen zu lassen. Sonst kommen die Sachen ja viel zu spät beim Kunden an, und dann gibt es erst recht Ärger.«
Herr A. *(ignorant, desinteressiert an den Einwänden der Mitarbeiterin)*: »Es ist Ihre Sache, Ihren Arbeitsbereich so zu organisieren, dass die Dinge rechtzeitig fertig werden. Dann müssen Sie eben ein bisschen schneller arbeiten.«

Die Kritik von Herr A. liegt irgendwo im Bereich zwischen Niedermachen und Meckern und ist nicht konstruktiv. Auf die Bedürfnisse der Mitarbeiterin, die Arbeit anders zu organisieren, um keine zeitlichen Engpässe aufkommen zu lassen, geht er nicht ein. Der Fehler wird ausschließlich als persönliches Versagen und mangelhafter Arbeitseinsatz von Frau B. gedeutet, obwohl er auch ganz woanders liegen könnte, was erst genau geprüft werden müsste. Möglicherweise müssten die Vorgänge bereits in anderen Abteilungen schneller bearbeitet werden, um bei Frau B. früher einzugehen, oder der bürokratische Aufwand zur Abwicklung ist generell zu hoch. Möglicherweise beherrscht Frau B. auch die Arbeitsabläufe noch nicht vollständig und benötigt Unterstützung, die aber eine solche Kritik gewiss nicht ist – im Gegenteil. Statt Frau B. zuerst herunterzumachen und dann abzuwimmeln, wäre es sinnvoll gewesen, mit ihr in einem gemeinsamen Gespräch die Fehlerquelle für die verzögerte Abwicklung zu finden und anschließend eine Lösung für das Problem zu suchen.

Wichtig beim Kritisieren ist die richtige Einstellung zur kritisierten Person. Sehr häufig ist Kritik ungerechtfertigterweise mit einem Urteil über den Kritisierten verbunden, wie es das Beispiel von Herrn A. und Frau B. zeigt; gerade das macht sie so »vernichtend« und verursacht das Minus auf dem Beziehungskonto. Die Mitarbeiterin ist in den Augen des Vorgesetzten faul, vergesslich, unfähig oder nicht in der Lage, ihre Arbeiten richtig zu terminieren – sie kann in seinen Augen ihren inneren Schweinehund nicht überwinden.

Das ist nicht nur falsch gedacht, das kommt einer Verurteilung gleich, obwohl die wahre Ursache ihres Verhaltens gar nicht geklärt ist. Am einfachsten hätten es Frau B. und Herr A. gehabt, wenn sie beide versucht hätten, die Schweinehunde des jeweils anderen zu verstehen:

Herr A. fragt:

- Was bringt den inneren Schweinehund von Frau B. dazu, sie so langsam arbeiten zu lassen?
- Warum macht er sie so blind für die Zusammenhänge?

Bei der gemeinsamen Klärung dieser Fragen hätte Herr A. seinen eingeengten Fokus von der vermuteten »persönlichen Unfähigkeit« der Mitarbeiterin erweitern und die Probleme des Gesamtsystems in den Blick nehmen können.

Frau B. fragt:

- Was bringt den inneren Schweinehund von Herrn A. dazu, dass er meint, immer alles »geradebiegen« zu müssen?
- Warum droht er mit einem »Anpfiff von oben«?

Während der Diskussion dieser Fragen hätte sich möglicherweise herausgestellt, dass Herr A. einen ganz ängstlichen Schweinehund hat, der sich fürchtet, dass sein Herrchen etwas falsch macht und von einer Autorität dafür bestraft werden könnte. Außerdem hütet Herr A. vielleicht noch einen zweiten Schweinehund: den des »Lastenträgers«, der immer für alles zuständig ist und ohne den nichts richtig laufen kann. Herr A. plagt sich ab, dabei hat er möglicherweise nur ein besonderes Bedürfnis nach Anerkennung.

Wir alle sind mit einer Sprache aufgewachsen, die uns scheinbar dazu berechtigt, andere in Schubladen zu stecken, zu vergleichen und zu verurteilen, anstatt wahrzunehmen, was wir fühlen und was wir – und die andere Person – brauchen. Konstruktive Kritik sollte Abstand nehmen von (moralischen) Urteilen auf der persönlichen Ebene nach dem Motto: »Wer ist wie, und was stört mich daran?« Dies gelingt, indem wir statt »Sie-*sind*«-Botschaften »Sie-*tun*-Botschaften« senden, also nicht sagen: »Sie *sind* ... (faul, vergesslich, unfähig usw.)«, sondern: »Wenn Sie das und das *tun*, dann ...«. Auf diese Weise begeben Sie sich zunächst in eine neutrale Beobachterposition, die Sie davor bewahrt, das Handeln des anderen sofort zu bewerten, ohne die Hintergründe genau zu kennen.

Wir haben weitere Punkte zusammengestellt, die Ihnen dabei helfen können, Kritik konstruktiv zu üben:

- Wenn Sie Ihre Mitarbeiter häufiger loben, dann wird es ihnen auch leichter fallen, Ihre Kritik zu akzeptieren. Frühere Einzahlungen auf dem Beziehungskonto beugen der Verringerung des Kontostandes durch Kritik vor.
- Verpacken Sie auch jede einzelne Kritik in ein zuvor geäußertes Lob.
- Überlegen Sie vor jeder Kritik genau, ob der Mitarbeiter wirklich etwas »falsch« oder nur »anders« gemacht hat. Jeder hat seinen eigenen Stil, und wenn jemand etwas anders macht als Sie, heißt das noch lange nicht, dass es »falsch« ist. Nur *wirklich* Falsches – Unproduktives, nicht Förderliches, Schädliches usw. – sollte kritisiert, dem Mitarbeiter aber ansonsten Raum für seine eigene Arbeitsweise gegeben werden.
- Äußern Sie Ihre Kritik unmittelbar nach dem entsprechenden Vorfall, anstatt sie aufzustauen und erst etliche Zeit später – und dann womöglich in Wut – zur Sprache zu bringen.

- Bleiben Sie innerlich ruhig und gelassen, wenn Sie kritisieren.
- Vermeiden Sie beim Kritisieren das Wort »aber«. Sagen Sie nicht: »Sie waren gut, *aber* Sie haben _« Ersetzen Sie »aber« durch »und«.
- Vermeiden Sie auch das Wort »Kritik« oder »konstruktive Kritik«. Selbst das klingt für viele schon wie eine Bratpfanne, die ihnen über den Kopf gehauen wird, auch wenn diese in Geschenkpapier eingepackt ist. Sprechen Sie allgemein von »Feedback«, worunter dann auch Lob und Anerkennung fallen.
- Verbinden Sie die Kritik immer mit einem Ratschlag oder einer Hilfe, wie die betreffende Sache besser gemacht werden kann. Sonst ist es bloße Nörgelei. Organisieren Sie gegebenenfalls Hilfe durch einen Mentor, der den betroffenen Mitarbeiter bei einer Verbesserung wirkungsvoll unterstützen kann, falls Sie dies nicht selbst tun wollen oder können.
- Drücken Sie Ihre Kritik klar aus, damit sie auch als solche verstanden wird. Verharmlosende oder scherzhafte Worte werden nicht als Kritik aufgefasst, sondern als das, was sie sind: eine unwichtige Randbemerkung oder ein Witz. Auch im Konjunktiv formulierte Vorschläge »Ich würde das so und so machen« sind keine Kritik, sondern eben unverbindlich.
- Bauen Sie im Unternehmen eine Kultur auf, die Fehler ausdrücklich zulässt und begünstigt, ja diese sogar mit Humor verbindet.
- Nehmen Sie Abstand von moralischen Urteilen, indem Sie anderen vorwerfen, was sie (Ihrer Meinung nach) *sind*, und stattdessen die Aufmerksamkeit auf das *Tun und Handeln* des anderen lenken. So vermeiden Sie eine voreilige, falsche Bewertung.

So motivieren Sie eigene und fremde Schweinehunde

Wenn Sie Reinhard K. Sprengers Klassiker zum Thema Motivation gelesen haben, dann wissen Sie es schon: Motivation ist ein Mythos.

Sprengers Thesen wollen wir hier nicht im Einzelnen wiederholen, aber wir möchten Sie wieder auf das Treiben der kleinen Saboteure hinweisen und Ihnen zeigen, wie Sie diese Unholde zähmen können:

- Konzentrieren Sie sich auf die wirklich wichtigen Ziele und helfen Sie Ihren Mitarbeitern dabei, dasselbe zu tun.
- Befreien Sie Ihre Abteilung regelmäßig von Schweinehund-Abfall.
- Bleiben Sie mit Ihrem Schweinehund doch einfach mal zu Hause und erlauben Sie das auch Ihren Mitarbeitern.

Konzentrieren Sie sich auf die wirklich wichtigen Dinge

Zur Steigerung der Effektivität wird immer wieder geraten, weniger wichtige Aufgaben zu bündeln, um auf diese Weise mehr Freiraum für die wirklich wichtigen Dinge zu schaffen. Was aber dabei oft geschieht, ist, dass Sie vor lauter Effektivitätsstreben viel zu viel Energie auf die effiziente Erledigung des Zweitrangingen verschwenden. Damit lassen Sie die Ablenkungs- und Abbruchsschweinehunde frei laufen! Sie werden alles tun, um Sie und Ihre Abteilung in betriebsame Hektik zu versetzen, in der lauter Kleinigkeiten erledigt werden, wichtige und strategische Aufgaben aber liegen bleiben.

Da die Arbeit mal wieder nicht im Kern erledigt wird, bleiben auch die Kernprobleme bestehen und lösen immer neue Buschfeuer aus, die Sie dann unter Aufwendung größter Anstrengung und unter dem Applaus Ihrer Schweinehunde löschen dürfen. Gönnen Sie Ihren widerborstigen Begleitern diese Freude nicht. Machen Sie sich lieber selbst eine Freude, indem Sie getreu dem Motto handeln

First Things first!

Wenn Sie die »second things« ganz weglassen oder delegieren können, schön für Sie. Wenn nicht, dann machen Sie wenigstens nicht so einen großen Wind darum und ermutigen Sie auch Ihre Mitarbeiter dazu.

Am besten ist es, wenn Sie und Ihre Mitarbeiter sich jeden Tag vor Augen halten, was es heute eigentlich heißt, zu arbeiten. Wie wir anfangs schon dargestellt haben, sind die Zeiten des Taylorismus, als den Arbeitern genau gesagt wurde, was sie wann und in welcher Weise zu erledigen hatten, ja gründlich vorbei. Heute ist es auch für Angestellte unumgänglich, mitzudenken. Deshalb kopieren Sie doch einfach die folgenden Seiten und pinnen Sie diese an Ihr schwarzes Brett:

Unternehmer	Unterlasser
... heißen Unternehmer, weil sie etwas unternehmen.	... heißen Unterlasser, weil sie lieber etwas unterlassen.
... haben eine gute Vorstellungskraft.	... können sich das alles gar nicht so richtig vorstellen.
... haben ein klares Ziel vor Augen.	... sehen viele Sonderangebote des Lebens.
... bleiben konzentriert bei der Sache – sind fokussiert.	... verzetteln sich gerne.
... haben Ideen.	... haben Bedenken.
... setzen Ideen in Taten um.	... sagen »Gute Idee – machen wir aber auch nicht«.
... denken in Konsequenzen.	... denken in Grenzen.
... erkennen und nutzen die Chancen, die ihnen geboten werden.	... ärgern sich über nicht erkannte oder nicht ergriffene Chancen.
... sind nicht nur für die Dinge verantwortlich, die sie tun, sondern auch für die, die sie unterlassen.	... sagen sich: Solange ich nichts tue, kann ich keine Fehler machen.
... unterscheiden zwischen wichtig und unwichtig.	... finden es oft sehr wichtig, über Unwichtiges zu sprechen.

... sagen nicht nur das Richtige, sondern tun es auch.	... tun nichts, aber wissen, wie es andere richtig machen können.
... wissen genau: Wer heute keine Vision hat, hat morgen keinen Job oder kein Unternehmen mehr.	... werden sich morgen einmal darüber Gedanken machen, ob man das heute wirklich schon hätte wissen müssen.
... suchen sich neue Möglichkeiten und Wege, wenn die bisherigen Quellen erschöpft sind.	... demonstrieren erst einmal ihren Unmut über die Situation.
... wissen: Eigeninitiative, Leistungsmotivation und Engagement sind besonders wichtig. Eigeninitiative ist der Motor des eigenen Handelns. Dazu gehört, Anforderungen und Bedarfslagen selbst zu erkennen, Handlungs- und Entscheidungsspielräume zu nutzen, Verbesserungsmöglichkeiten zu suchen, Impulse zu setzen und Vorschläge zu machen, aber auch eigene Weiterbildung und Karriere selbstständig zu planen.	... warten auf Impulse von anderen und von außen um dann einmal zu überlegen, ob sie wirklich, oder doch nicht ...? ... grübeln über die Vergangenheit und überlegen, wer sie damals hätte auf welche Idee bringen können, mit der sie heute bestimmt sehr erfolgreich wären.
... sind sie sich der Zusammenhänge zwischen Tun und Wirkung bewusst.	... suchen immer nach Ursachen statt zu wirken.
... verlieren nie das Große und Ganze aus den Augen.	... haben sich noch nie so ganz genau die Frage gestellt, worin denn das Große und Ganze überhaupt besteht.
... verbringen die Zeit mit Handeln.	... haben keine Zeit mehr, weil sie so ausgiebig jammern.
... sind sich darüber im Klaren, dass geniale Gedanken zu 1% aus Inspiration und zu 99 % aus Transpiration bestehen.	... warten immer noch auf inspirierende Gedanken.

... haben eine hohe Frustrationstoleranz, also den Umgang mit Widerständen, Misserfolgen und Frustrationen. Reagieren in einer solchen Lage nicht mit Motivationsverlust, Rückzug oder aufgeben, sondern versuchen beharrlich, ihre Entscheidungen und Vorhaben umzusetzen.	... haben eine hohe Toleranz, frustriert zu sein.
... fragen sich nicht, was ihr Unternehmen für sie tun kann, sondern fragen vielmehr, was sie für ihr Unternehmen tun können.	... stellen sich die gleiche Frage, nur andersrum.
... tragen die Verantwortung.	... finden immer einen Schuldigen.
... sind Problemlöser statt Problembeschreiber.	... sind Problembeschreiber statt Problemlöser.
... stellen die richtige Frage: »Was mache ich, damit nichts schief läuft?«	... stellen die falsche Frage: »Was mache ich, wenn was schief läuft?«
... überlegen immer: »Bringt dich das, was du jetzt gerade tust, wirklich deinen Zielen näher?«	... überlegen: »Wer bringt mir meine Ziele näher?«
... haben ihren Schweinehund gezähmt und akzeptieren ihn als Freund und Berater.	... lassen sich von ihrem Schweinehund einlullen.

Weg mit dem Schweinehund-Abfall

Haushunde haaren, und Schweinehunde schichten meterweise Schweinehundmüll in Ihrer Abteilung auf. Zum Beispiel Folgendes:

- veraltete Aktenordner,
- Berge alter Dateien, Disketten, CD-ROMs,
- überholte Vorgehensweisen,

- museumsreife Technik (Computer, Aufnahmegeräte, Projektoren etc.),
- Ablagesysteme, die ein längst ausgeschiedener Mitarbeiter angelegt hat und die niemand mehr versteht,
- Jour fixes, die längst zu Schauläufen oder Modeschauen verkommen sind,
- Nachschlagewerke aus dem vergangenen Jahrhundert.

Ihre Schweinehunde fühlen sich sehr heimisch in all dem alten Plunder, verhindert er doch, dass Sie und Ihre Mitarbeiter ordentlich durchatmen und sich von altem Ballast befreien. Deshalb möchten wir Ihnen dringend ans Herz legen:

Misten Sie regelmäßig Ihre Arbeitsräume aus.

Am besten zu einem regelmäßigen, festen Termin. Danach können Sie alle gemeinsam ein Fest feiern, wenn Ihnen das hilft.

Damit haben Sie äußerlich Ordnung geschaffen. Die Schweinehunde aber nutzen nicht nur diese Äußerlichkeiten, um Ihre Vorhaben zu sabotieren. Sie verstehen sich vor allem darauf, sich auf der Beziehungsebene einzunisten. Deshalb empfehlen wir

Räumen Sie auch den Beziehungsballast aus Ihrem Team.

Es gibt eine Fülle von Wegen, um die Unterwelt von Gruppen zu erkunden: von psychodramatischen Aufstellungen über Projektsupervisionen bis zu Outdoor-Trainings. Ausführliche Informationen dazu finden Sie zum Beispiel im Buch von Klaus Doppler *Unternehmenswandel gegen Widerstände*.

Holen Sie sich zur Klärung solch schwieriger Fragen ruhig Hilfe von externen Trainern. Das bringt Ihnen einen doppelten Gewinn: Zum einen sind diese Leute Experten in Sachen »Gruppendynamik« und be-

wegen sich, wenn sie gut sind, sicher auf diesem unübersichtlichen und gefährlichen Terrain. Das ist wichtig, weil bei sensiblen Prozessen dieser Art nicht nur viel geklärt, sondern auch viel Porzellan zerschlagen werden kann. Immer wieder kommt es zu ungewollten Kränkungen, zu Rückzugsverhalten, sogar zu Kündigungen, wenn hier nicht mit der gebotenen Vorsicht vorgegangen wird. Zweitens ist es für Ihre Mitarbeiter viel einfacher, sich von einem externen Berater durch diesen Prozess führen zu lassen.

Zu Hause bleiben

Sie brauchen ab und zu ein wenig Abstand zu Ihren Führungsaufgaben und Ihrem Unternehmen, um wieder einen klaren Kopf zu bekommen. Sie brauchen ruhige Stunden, in denen kein Telefon klingelt und keine Assistentin den Kopf zu Tür hereinsteckt, weil wieder »etwas angebrannt« ist. Nur dann kommen Sie auf neue Gedanken, nur dann haben Sie die Chance, komplexe Probleme wirklich im Kern zu erfassen.

Am besten gelingt Ihnen das, wenn Sie zum Beispiel an einem Tag in der Woche einfach zu Hause bleiben. Schicken Sie Ihren Schweinehund ins Körbchen, richten Sie sich einen Platz ein, an dem Sie ungestört arbeiten können (keine Kinder, kein Fernsehen, kein Kühlschrank etc.) und: Arbeiten Sie! Sie werden sehen, alles geht viel schneller, wenn Sie nicht dauernd unterbrochen werden. Sie müssen nicht immer wieder von vorne anfangen. Wenn Ihnen danach ist, legen Sie sich zwischendurch eine halbe Stunde aufs Ohr oder machen einen Spaziergang, dann geht alles noch mal leichter von der Hand.

Viele Unternehmen sind dazu übergegangen, ihren Managern und Mitarbeitern einen Home-Office-Tag anzubieten. Forscher oder Schriftsteller ziehen sich regelmäßig in ein stilles Haus am Meer oder in den Bergen oder in ein Kloster zurück, um sich ganz auf ihre Aufgabe konzentrieren zu können. Manche bevorzugen ein Hotel in der Stadt, weil sie sich hier nicht so alleine fühlen. Wie auch immer Sie es organisieren: Lösen Sie sich von Ihrem fest installierten Arbeitsplatz, Ihren Kopf haben Sie schließlich immer dabei!

Die 33 besten Tipps im Umgang mit dem Schweinehund

1. Akzeptieren Sie den inneren Schweinehund Ihrer Kollegen, Ihrer Mitarbeiter – und Ihren eigenen Jeder hat einen inneren Schweinehund. Je genauer Sie die sabotierenden Begleiter jedes Einzelnen kennen, desto besser können Sie mit ihnen zusammen arbeiten und desto leichter können Sie ein Team steuern.

2. Nutzen Sie die Schweinehunde in Ihrem Team Sorgen Sie dafür, dass in Ihrer Abteilung möglichst viele unterschiedliche Schweinehunde vorkommen. Bekämpfen und beschimpfen Sie keinen, sondern nehmen Sie jeden in seiner Eigenart ernst und stellen Sie ihm einen Partner zur Seite, der seine Stärken stärkt und seine Schwächen ausgleicht. Sorgen Sie auch dafür, dass Ihr eigener Schweinehund einen solchen Partner findet.

3. Behalten Sie die Team-Schweinehunde immer im Auge Auch wenn es unangenehm ist: Beobachten Sie das Treiben der Schweinehunde in Ihrer Abteilung genau. Sobald Sie bemerken, dass Ausnahmetaktiken im Spiel sind, die Aufschieberitis grassiert, dass Sündenböcke ernannt werden oder Eitelkeitsschweinehunde ausgebrochen sind, ziehen Sie das Schweinehund-Stoppschild! Verlassen Sie die Sachebene und klären Sie mit Ihrem Team, was auf der Beziehungsebene passiert.

4. Befreien Sie Ihre Organisation von Schweinehund-Ecken Projekte, die neben der Linienorganisation aufgehängt wurden, und Matrixorganisationen sind höchst beliebte Tummelplätze für Schweinehunde. Achten Sie darauf, dass Kompetenzen und Ressourcen klar verteilt sind, und dass Kämpfe um diese Themen offen und fair ausgetragen werden.

5. Nutzen Sie den inneren Schweinehund Ihrer Kunden Wenn Sie herausfinden, wann der innere Schweinehund Ihrer Kunden zuschlägt, Entscheidungen herauszögert und Bedenken anmeldet, können Sie dies gezielt für Ihre Akquise nutzen: Bieten Sie eine Dienstleistung an, die dem Kunden hilft, seinen individuellen Schweinehundes zu zähmen.

6. Begegnen Sie Ihrem eigenen Schweinehund mit Humor Je mehr Sie Ihre Selbstwahrnehmung schärfen, desto weniger Chancen hat Ihr Schweinehund, Ihre Vorhaben zu sabotieren. Betrachten Sie Ihre Schwächen einfach mit Humor und machen Sie sich immer wieder deutlich, dass alle Menschen zwar einen inneren Schweinehund haben, aber nicht mit ihm identisch sind.

7. Unterstützen Sie das Schweinehund-Management Ihres Teams Vereinbaren Sie zusammen mit Ihrem Team, wie Sie miteinander umgehen wollen. Je besser es Ihnen gelingt, Regeln aufzustellen, die die Gefühle der Einzelnen berücksichtigen und diese vor Kränkung und Zurückweisung schützen, desto sanftmütiger werden die Team-Schweinehunde.

8. Geben Sie den Schweinehunden einen Ort zum Meckern Richten Sie in Teambesprechungen eine »Meckerecke« ein, damit die Schweinehunde Dampf ablassen können und ihrem Unmut nicht via Flurfunk Luft machen. Nutzen Sie das Meckern, um es in positive Lösungen umzuwandeln, und setzen Sie ihm klare Grenzen.

9. Beobachten Sie die Schweinehunde, aber bewerten Sie sie nicht
Auch wenn die Schweinehunde in Ihrem Team Projekte sabotieren: Drohen Sie ihnen nicht mit Sanktionen und kritisieren Sie sie nicht. Bleiben Sie ruhig und gelassen, beobachten Sie das Treiben der Team-Schweinehunde genau und versuchen Sie, die Motive ihres Handelns zu verstehen. So können Sie zum Kern der Probleme vorstoßen, die einzelne Mitarbeiter oder Ihr gesamtes Team umtreiben.

10. Hören Sie Ihrem eigenen Schweinehund genau zu Um zu verstehen, welche Charakterzüge die Schweinehunde Ihrer Kollegen oder Mitarbeiter auszeichnen, brauchen Sie nur Ihrem eigenen Schweinehund zuzuhören. Wann schlägt er an? Auf was reagiert er bissig? Das hilft Ihnen und Ihrem Team mehr, als wenn Sie Ihrem Gegenüber gleich eine verkopfte Analyse überstülpen.

11. Erkennen Sie die Bedürfnisse der Team-Schweinehunde Schweinehunde tun alles, um ihrem Herrchen Anerkennung zu verschaffen, einen eigenen Handlungsspielraum, Abwechslung, aber auch Ruhe und Erholung zu gönnen. Je weniger Sie ihnen dies gewähren, desto mehr versuchen sie, die Bedürfnisse ihres Herrchens per Sabotage durchzusetzen. Versuchen Sie deshalb, diese Bedürfnisse wahrzunehmen, zu akzeptieren und auf konstruktive Weise zu befriedigen.

12. Bitten statt fordern Wenn Sie Bitten formulieren, geben Sie dem anderen die Möglichkeit, sie zu erfüllen oder nicht, vor allem, indem Sie sie als positive Handlungsaufforderung formulieren. Damit geben Sie Ihrem Gegenüber die freie Entscheidung – und darauf legt dessen Schweinehund viel Wert. Sobald Sie eine Forderung formulieren, fühlt sich der Schweinehund in die Ecke gedrängt und stellt sich quer.

13. Smalltalk vermeiden Natürlich ist es wichtig, mit Mitarbeitern und Kollegen ein wenig leichte Konversation zu betreiben. Aber beschränken Sie den Smalltalk auf ein Mindestmaß. Sprechen Sie über die wirklich wichtigen Dinge, über das, was die Menschen im Innersten bewegt – damit lernen Sie deren Schweinehunde am besten kennen.

14. Klartext sprechen Sprache kann aufrütteln, aber sie kann das Handeln auch ersetzen. Sprechen Sie möglichst konkret und klar, malen Sie Visionen in bunten Farben aus, stellen Sie die Gegenwart realistisch und kraftvoll dar und setzen Sie die Vergangenheit in eine konkrete, gegebenenfalls kontrastierende Beziehung zur Zukunft.

15. Fokus auf Lösungen legen Vermeiden Sie blockierende Formulierungen wie »Das Problem ist ...« oder »Das ist nicht möglich, weil...« und konzentrieren Sie sich statt dessen auf Lösungen.

16. Das »wirkliche« Problem lösen Analysieren Sie das Kernproblem und setzen Sie sich mit Ihrem Team zusammen, um eine Entscheidung zu treffen. Bemühen Sie sich um Dissens, hören Sie sich alle Einwände und Bedenken an, und finden Sie heraus, wo genau der »Knackpunkt« Ihres Problems liegt. Finden Sie eine gemeinsame Entscheidung.

17. Integrieren Sie die Umsetzung in die Entscheidung Bedenken Sie bereits im Entscheidungsprozess, wie Ihre Entscheidung umgesetzt werden kann: Wer muss was bis wann tun? Welche Mittel braucht er dazu? Wie soll die Umsetzung gesteuert und kontrolliert werden? Halten Sie dies zusammen mit Ihrer Entscheidung fest.

18. Wirklich wissen warum Sorgen Sie dafür, dass Sie und Ihre Mitarbeiter die Sachlage in ihrer ganzen Komplexität und Tiefe verstehen. Machen Sie sich die langfristigen Konsequenzen Ihres Handelns oder Nicht-Handelns durch Hochrechungen klar: Was geschieht in 5, 10, 20 oder 30 Jahren? Setzen Sie sich so lange auseinander, bis Sie alle relevanten Aspekte und Konsequenzen durchdacht haben. So können Sie ziemlich sicher sein, die beste und zugleich einfachste Lösung gefunden zu haben. Und die trägt der Schweinehund gerne mit.

19. Mut zur Entscheidung Auch wenn Sie lange diskutiert, viele Fakten gesammelt und Experten gehört haben: Ein Fall wird niemals völlig glasklar zu durchblicken sein – dafür ist die Welt zu komplex. Irgendwann müssen Sie einfach entscheiden! Machen Sie Ihrem Schweinehund klar, dass er sich auf Ihre Urteilskraft, auf Ihr Einfühlungsvermögen, auf Ihre Erfahrung und auf Ihre Sachkenntnis verlassen und seine Sabotageakte einstellen kann.

20. Divergierende Interessen bündeln Jeder Schweinehund in Ihrem Team hat verschiedene Vorlieben und Interessen. Je besser es Ihnen gelingt, diese Einzelinteressen mit Ihrem Gesamtziel in Einklang zu bringen, desto leichter haben Sie es mit der Umsetzung.

21. Am Gesamtziel des Unternehmens orientieren Wenn sich Ihre Teamziele aus dem Gesamtziel des Unternehmens ableiten lassen, ist es für alle Beteiligten einfacher, sich zu engagieren: weil alle dann an einem großen Ziel mitarbeiten (klassisch: »Wir bauen eine Kathedrale«), auf das sie stolz sein können.

22. Überlassen Sie die Ziel-Formulierung Ihren Mitarbeitern Große Vorhaben können nur von vielen Menschen gemeinsam umgesetzt werden. Dazu braucht jeder Einzelne eine genaue Vorstellung darüber, was er wie und bis wann zu tun hat. Lassen Sie Ihre Mitarbeiter diese Ziele selbst formulieren und – wichtig! – setzen Sie sich mit Ihnen so lange darüber auseinander, bis sie auf dem richtigen Kurs sind. So bekommen alle am besten Klarheit darüber, wie Anforderungen und Leistungsfähigkeit/-möglichkeit zusammen passen.

23. Realistische und machbare Ziele vereinbaren Dass Ihr Ziel objektiv realistisch sein muss, damit Sie es erreichen können, versteht sich von selbst. Zusätzlich braucht Ihr Team schon im Vorfeld das subjektive Gefühl der Machbarkeit, die Gewissheit: »Das können wir schaffen.«

24. Etappenziele und Pausen einlegen Große Pläne lassen sich nicht mit einem Handstreich ins Werk setzen. Teilen Sie das große Vorhaben in viele kleine Vorhaben, so lange, bis sich für Sie und Ihr Team für jede Teil-Etappe das Gefühl der Machbarkeit einstellt.

25. Präzise und positive Ziele formulieren Verwirren Sie Ihr Gehirn nicht mit etwas, dass es nicht denken soll. Geben Sie ihm lieber eine präzise Vorstellung davon, was zu tun ist. Und zwar wie und bis wann.

26. Konkret messbare Ziele festlegen »Mehr«, »besser«, »schneller« und »billiger« lässt sich nicht messen, weil der konkrete Maßstab fehlt. Mit solchem Zielen laufen Sie in die »Wischi-Waschi-Falle«. Legen Sie sich auf konkrete Zahlen fest und seien Sie dabei realistisch.

27. Mit festem Termin Wenn Sie keine Termine setzen, feiern die Schweinehunde fröhliche Feste und sorgen dafür, dass Ihr Projekt nicht fertig oder gar nicht erst begonnen wird. Legen Sie ihnen das Handwerk, indem Sie Deadlines setzen: für das große Ziel, aber auch für die einzelnen Etappen.

28. Konsequent organisieren und entschlossen umsetzen Wenn Sie alles durchdacht und einen guten Plan aufgestellt haben: Springen Sie ins kalte Wasser. Schlagen Sie dabei ruhig ordentlich Wellen! So machen Sie allen klar, dass etwas neues, vielleicht großartiges passiert und dass es Ihnen ernst ist. Schwimmen Sie selbst kräftig mit, und vor allem: Halten Sie durch!

29. Regelmäßig kontrollieren (lassen) Nehmen Sie den Projektfortschritt regelmäßig und unbarmherzig unter die Lupe: Was klappt? Wo hakt es? Unterstützen Sie Ihre Mitarbeiter mit Rat und Tat, und akzeptieren Sie es, wenn einmal ein Fehler passiert. Sie können sogar froh darüber sein: Daraus können Sie alle lernen, und es ist ein Zeichen dafür, dass überhaupt etwas passiert. Geben Sie Ihren Mitarbeitern die

Möglichkeit, sich selbst anhand der vereinbarten, eindeutigen Ziele zu kontrollieren.

30. Projekt erfolgreich abgeschlossen? Na los – feiern Sie! Tun Sie es für die Schweinehunde: Gönnen Sie ihnen eine richtig schöne Belohnung dafür, dass Sie es gemeinsam geschafft haben, Ihr Projekt zu verwirklichen. Damit machen Sie den Weg frei für weitere erfolgreiche Projekte.

31. Stoppen Sie Vielredner-Schweinehunde Gönnen Sie sich und den Schweinehunden Ihres Teams mehr freie Zeit, indem Sie die Arbeitszeit effektiver nutzen. Einen guten Anfang machen Sie, indem Sie dafür sorgen, dass nur die Personen an einer Besprechung teilnehmen, für die die zu besprechenden Themen relevant sind, dass sich alle vorbereiten, vor allem aber: indem Sie den Vielrednern in Ihren Meetings ein deutliches Stopp-Schild zeigen.

32. So wird Ihr Feedback zur Schweinehund-Zähmung Geben Sie Ihren Mitarbeitern regelmäßig Feedback. Aber nicht in Form eines oberflächlichen oder gar unehrlichen Lobes (»Alles toll!«). Konzentrieren Sie sich bei Ihrem Feedback darauf, inwiefern es Ihrem Mitarbeiter gelingt, seinen individuellen Schweinehund zu zähmen, dessen Stärken zu nutzen und Schwächen zu kompensieren.

33. Machen Sie den Schweinehunden das Leben leicht Konzentrieren Sie sich auf die wirklich wichtigen Ziele und helfen Sie Ihren Mitarbeitern dabei, dasselbe zu tun. Verschwenden Sie Ihre Energie nicht in die effiziente Erledigung zweitrangiger Vorhaben, sondern sagen Sie sich immer wieder: First things first! Entsorgen Sie regelmäßig alte Ordner, alte Technik und alte Abläufe und räumen Sie auch regelmäßig Ihren emotionalen Schweinehund-Keller, die Beziehungsebene, auf. Und wann immer es irgendwie geht: Bleiben Sie zu Hause, gönnen Sie sich, Ihren Mitarbeitern und allen Schweinehunden einen Home-Office-Tag.

Fazit

Jeder einzelne Mitarbeiter im Unternehmen hat seinen eigenen, ganz spezifischen Schweinehund. Die Synergieeffekte der Zusammenarbeit, die eine Abteilung, ein Team oder eine Projektgruppe im positiven Falle leistungsfähiger machen, als es die Summe der Einzelleistungen erwarten ließe, führen leider auch dazu, dass sich die Schweinehund-Problematik in solchen Gruppen potenzieren kann.

Die inneren Schweinehunde der verschiedenen Mitarbeiter schaukeln sich gegenseitig hoch und stacheln ihre Herrchen zu immer wilderen Sabotageakten an. Dabei lavieren sie sich samt ihrer Besitzer in Konflikte hinein, die oft nur durch Missverständnisse entstehen: Jeder Mensch trägt eben einen für seine Persönlichkeit und seinen kulturellen Hintergrund typischen Schweinehund mit sich herum, der ihn zu den eigentümlichsten Handlungen verleitet. Und das nicht einmal in böser Absicht, obwohl seine Kollegen ihm das oft unterstellen. Und so feiern die kleinen Saboteure fröhliche Feste, während die Stimmung – und die Effizienz! – des Teams völlig am Boden liegt.

Lassen Sie sich von dieser Dynamik nicht beirren. Versuchen Sie, die Schweinehunde Ihrer Mitarbeiter zu verstehen und unterstützen Sie Ihre Leute dabei, auch den kleinen Saboteuren ihrer Kollegen verständnisvoll zu begegnen. Denn im Grunde sind Schweinehunde kluge Begleiter, die uns vor Überforderungen warnen, die uns davor bewahren, etwas zu tun, was wir nicht können oder wollen, und die uns mit üppigen Annerkennungsportionen verwöhnen wollen.

Wenn Sie als es mit Ihren Mitarbeitern gemeinsam schaffen, die Schweinehunde in Ihrem Unternehmen zu akzeptieren, wenn Sie lernen, auf sie zu hören und ihnen kleine Freiräume schaffen, dann können Sie das Rudel zähmen.

Das braucht viel Geduld und Behutsamkeit. Denn sobald Sie Veränderungsprozesse zu schnell angehen und es versäumen, die Schweinehunde Ihrer Mitarbeiter um Erlaubnis zu bitten, geht es los mit der Sabotage. Alles, was an Unternehmens- und Projektzielen zu finden ist, fällt den Schweinehunden zum Opfer. Das muss nicht sein: Geben Sie sich und Ihren Mitarbeitern Zeit, gehen Sie etappenweise vor, und stellen Sie jedem inneren Schweinehund in Ihrer Abteilung einen komplementären Schweinehund-Partner zur Seite, der dessen Schwächen ausgleichen kann. Sie werden sehen: Es funktioniert, es ist ziemlich aufregend, und es macht sogar Spaß.

Hören wir noch ein letztes Mal den großen alten Schweinehundkenner Seneca: »Lasst uns daher eifrig sein und beharrlich bleiben! Mehr, als wir schon vollbracht haben, ist noch übrig, aber ein großer Teil des Fortschritts ist es schon, fortschreiten zu wollen.«[49]

Anmerkungen

1 Seneca: Aus den Briefen an Lucilius. In: Seneca: *Vom glückseligen Leben*. Stuttgart 1978, S. 190–267, hier S. 225.

2 Seneca, a. a. O., S. 262.

3 Vgl. Pfeffer, Jeffrey/Sutton, Robert I.: *Wie aus Wissen Taten werden*. Frankfurt/New York 2001. S. 93 f.

4 Vgl. IAT, S. 6. Aufgeschlüsselt nach West- und Ostdeutschland gab es 1998 3,4 Mio. Fach- und Führungskräfte im Westen und 0,8 Mio. im Osten.

5 The Gallup Organisation: *Was kosten unengagierte Mitarbeiter?* Unter www.gallup.de.

6 Brödner, Peter: *Macht Arbeit wieder krank? Flexibilität und nachhaltige Gestaltung von Arbeit*. Institut Arbeit und Technik, Gelsenkirchen. Im Internet unter www.iatge.de.

7 Unternehmensberatung Hewitt Associates, Wiesbaden. Branchenübergreifende Studie »Attraktive Arbeitgeber 2002« unter 26 großen und mittelständischen Unternehmen in Deutschland. Weitere Informationen unter www.best-employers.de.

8 Seneca, a. a. O., S. 207.

9 Doppler, Klaus/ Fuhrmann, Hellmuth/Lebbe-Waschke, Birgitt/Voigt, Bert: *Unternehmenswandel gegen Widerstände. Change Management mit den Menschen*. Frankfurt/New York 2002, S. 39f.

10 Sprenger, Reinhard K.: *Die Entscheidung liegt bei Dir. Wege aus der alltäglichen Unzufriedenheit.* Frankfurt/New York 1997, S. 78.

11 Janos Pasztorfi: *Die Medizin kann nicht heilen.* Wiesbaden 1983.

12 Buckingham, Marcus/Coffman, Curt: *Erfolgreiche Führung gegen alle Regeln: Wie Sie wertvolle Mitarbeiter gewinnen, halten und fördern. Konse-*

quenzen aus der weltweit größten Langzeitstudie des Gallup-Institutes. Frankfurt/New York 2001, S. 190.

13 Mair, Judith: *Schluss mit lustig. Warum Disziplin und Leistung mehr bringen als emotionale Intelligenz, Teamgeist und Soft Skills.* Frankfurt 2002.

14 Malik, Fredmund: *Führen, leisten, leben. Wirksames Management für eine neue Zeit.* München 2001. S. 83.

15 Drucker, Peter F.: *Was ist Management? Das beste aus 50 Jahren.* München 2002, S. 365.

16 Unternehmensberatung Hewitt Associates, a. a. O.

17 Drucker, a. a. O., Seite 362f.

18 Doppler et al., a. a. O., S. 210 f.

19 Doppler et al., a. a. O., S. 26–27.

20 Doppler et al., a. a. O., S. 211.

21 Vgl. Doppler et al., a. a. O., S. 211.

22 Vgl. Drucker, a. a. O., S. 361.

23 Buckingham/Coffman, a. a. O., S. 178.

24 Doppler et al., a. a. O., S. 77.

25 Doppler et al., a. a. O., S. 305.

26 Margerison, Charles/McCann, Dick: Team-Management-Profil-Handbuch, Steinmauer 1994.

27 Vgl. Weißbach, Barbara: Kontinuität der Differenzen? Trends und Strategien der Personalentwicklung in Europa. In: *Information & Kommunikation* 30/2002. Hrsg. vom Institut für sozialwissenschaftliche Technikforschung, Dortmund. Vgl. auch Hofstede, Geert: *Lokales Denken, globales Handeln. Interkulturelle Zusammenarbeit und globales Management.* 2. Auflage, München 2001.

28 Eine ausführliche Darstellung der außerordentlich interessanten Vorgehensweise in: Lisop, Ingrid/Huisinga, Richard: *Arbeitsorientierte Exemplarik. Theorie und Praxis subjektbezogener Bildung.* Frankfurt 1994

29 Staw, Barry M./Sandelands, Lloyd E./Dutton, Jane E.: Threat-Rigidity Effects in Organizational Behaviour: A Multilevel Analysis. In: *Administrative Science Quarterly* 26 (1981), S. 501–524.

30 Vgl. Drucker., a. a. O., S. 150.

31 Vgl. Drucker, a. a. O., S. 61.

32 Vgl. Drucker, a. a. O., S. 141.

33 Pfeffer/Sutton, a. a. O., S. 70.

34 Vgl. Drucker., a. a. O., S. 286 f.

35 Vgl. Drucker., a. a. O., S. 298 f.

36 Malik, a. a. O., S. 189.

37 In Anlehnung an einen Text von Simon, Walter: *Moderne Managementkonzepte von A–Z.* Offenbach 2002, S. 553 f.

38 Buckingham/Coffman, a. a. O., S. 119 f.

39 Seneca, a. a. O., S. 210.

40 Sprenger, Reinhard K.: *Vertrauen führt. Worauf es im Unternehmen wirklich ankommt.* Frankfurt/New York 2002, S. 89.

41 Covey, Stephen R.: *Die sieben Wege zur Effektivität: Ein Konzept zur Meisterung Ihres beruflichen und privaten Lebens.* Frankfurt/New York 1992, S. 59.

42 Hewitt Associates, a. a. O.

43 Pfeffer/Sutton, a. a. O., S. 55.

44 Malik, a. a. O., S. 259.

45 Seneca, a. a. O., S. 222.

46 Buckingham/Coffman, a. a. O., S. 208.

47 Buckingham/Coffman, a. a. O., S. 208.

48 John Thackray für The Gallup Organization: Studie »Engagement durch Feedback.« Im Internet abrufbar unter http://www.gallup.de/news 241002b.htm

49 Seneca, a. a. O., S. 239.

Literatur

Brödner, Peter: Macht Arbeit wieder krank? Flexibilität und nachhaltige Gestaltung von Arbeit. In: *1. Tagung »Innovative Arbeitsgestaltung – Zukunft der Arbeit« für eine menschengerechte Arbeitswelt, 18. und 19. April 2002, Berlin, Forum 11.* Aachen 2002 (im Internet unter www.iatge.de)

Buckingham, Marcus/Coffman, Curt: *Erfolgreiche Führung gegen alle Regeln: Wie Sie wertvolle Mitarbeiter gewinnen, halten und fördern. Konsequenzen aus der weltweit größten Langzeitstudie des Gallup-Institutes.* Frankfurt/New York 2001

Bundesverband Deutscher Unternehmensberater BDU e.V.: *Facts & Figures zum Beratermarkt 2001. Der deutsche Unternehmensberatungsmarkt in Zahlen.* Bonn 2002 (aktuelle Daten jeweils unter www.bdu.de)

Christiani, Alexander/Scheelen, Frank: *Stärken stärken. Talente entdecken, entwickeln und einsetzen.* München 2002

Covey, Stephen R.: *Die sieben Wege zur Effektivität: Ein Konzept zur Meisterung Ihres beruflichen und privaten Lebens.* Frankfurt/New York 2000

Doppler, Klaus/Fuhrmann, Hellmuth/Lebbe-Weschke, Birgitt/Voigt, Bert: *Unternehmenswandel gegen Widerstände. Change Management mit den Menschen.* Frankfurt/New York 2002

Drucker, Peter F.: *Was ist Management? Das Beste aus 50 Jahren.* München 2002

The Gallup Organization: *Engagement am Arbeitsplatz in Deutschland auf unverändert niedrigem Niveau.* Pressemeldung vom 10.9.2002 (im Internet unter www.gallup.de)

Goleman, Daniel: EQ. *Emotionale Intelligenz.* München 2000

Goleman, Daniel/Boyatzis, Richard/McKee, Annie: E*motionale Führung.* München 2002

Hofstede, Geert: *Lokales Denken, globales Handeln. Interkulturelle Zusammenarbeit und globales Management.* 2. Auflage, München 2001

Lisop, Ingrid/Huisinga, Richard: *Arbeitsorientierte Exemplarik. Theorie und Praxis subjektbezogener Bildung.* 2. Auflage, Frankfurt 1994

Malik, Fredmund: *Führen, leisten, leben. Wirksames Management für eine neue Zeit.* München 2001

Margerison, Charles/McCann, Dick: *Team-Management-Profil-Handbuch*, Steinmauer 1994

Münchhausen, Marco von: *Die vier Säulen der Lebensbalance. Ein Konzept zur Meisterung des beruflichen und privaten Alltags.* München 2003

Münchhausen, Marco von: *So zähmen Sie Ihren inneren Schweinehund! Vom ärgsten Feind zum besten Freund.* 5. Auflage, Frankfurt/New York 2002

Münchhausen, Marco von: *Wo die Seele auftankt. Die besten Möglichkeiten, Ihre Ressourcen zu aktivieren.* Frankfurt/New York 2004

Pfeffer, Jeffrey/Sutton, Robert I.: *Wie aus Wissen Taten werden. So schließen die besten Unternehmen die Umsetzungslücke.* Frankfurt /New York 2001

Rosenberg, Marshall B.: *Gewaltfreie Kommunikation. Aufrichtig und einfühlsam miteinander sprechen. Neue Wege in der Mediation und im Umgang mit Konflikten.* Mit einem Vorwort von Vera F. Birkenbihl. Paderborn 2001

Rückert, Hans-Werner: *Schluss mit dem ewigen Aufschieben. Wie Sie umsetzen, was Sie sich vornehmen.* 5. Auflage, Frankfurt/New York 2002

Seiwert, Lothar J.: *Mehr Zeit für das Wesentliche. Besseres Zeitmanagement mit der Seiwert-Methode.* München 2001

Seneca: Aus den Briefen an Lucilius. In: Seneca: *Vom glückseligen Leben.* Stuttgart 1978

Sprenger, Reinhard K.: *Die Entscheidung liegt bei Dir! Wege aus der alltäglichen Unzufriedenheit.* 11. Auflage, Frankfurt/New York 2002

Sprenger, Reinhard K.: *Vertrauen führt. Worauf es im Unternehmen wirklich ankommt.* Frankfurt/New York 2002

Staw, Barry M./Sandelands, Lloyd E./Dutton, Jane E.: Threat-Rigidity Effects in Organizational Behaviour: A Multilevel Analysis. In: *Administrative Science Quarterly* 26/1981, S. 501–524

Ulrich, Dave/Zenger, Jack/Smallwood, Norm: *Ergebnisorientierte Unternehmensführung. Von der Zielformulierung zu messbaren Erfolgen.* Frankfurt/New York 2000

Weißbach, Barbara: Kontinuität der Differenzen? Trends und Strategien der Personalentwicklung in Europa. In: *Information & Kommunikation* 30/2002. Hrsg. vom Institut für sozialwissenschaftliche Technikforschung, Dortmund

Dr. Marco Freiherr von Münchhausen

ist renommierter Referent und Trainer im Bereich Persönlichkeits- und Selbstmanagement. Seine Vorträge und Seminare hält er europaweit zu folgenden Themen:

- **Work-Life-Balance**
  Wie Sie Berufs- und Privatleben in Einklang bringen

- **Motivation und Stressmanagement**
  Wie Sie ihre Ziele effektiver und mit weniger Reibungsverlusten erreichen

- **Selbstmanagement im Alltag**
  Wie Sie Ihren inneren Schweinehund zähmen und zum Freund machen

- **Aktivierung innerer Ressourcen**
  Wie Sie Ihren inneren Akku immer wieder aufladen können

Wie Sie die Illustrationen des Buches als Poster und Postkarten sowie weitere Artikel zum Thema erhalten können, erfahren Sie im Internet:

www.vonmuenchhausen.de